新移民女性子女
國語文補救教學

葉玉滿・著

序

　　我服務的學校位在一個風景秀麗、民風純樸的水果小鎮，臺灣自從農業社會轉型為工商業社會後，女性自主意識抬頭，不願從事勞力密集工作或選擇不婚的比率增高，住在這裡的適婚男士不易找到結婚對象並在傳宗接代的壓力下，紛紛至東南亞迎娶新移民女性；於是村裏人口結構有了很大的轉變，入學的新移民女性子女目前已占全校總學生人數41%，並隨著年級越低而有比率越高的趨勢，儼然已成為學校重要的族群，未來勢必成為學校的主力軍，其所衍生出的教育問題，已不容忽視。

　　「新移民女性子女」，本書定義為母親為東南亞或大陸籍所養育且目前就讀國民小學的子女。由於他們的父母社經地位、教育程度多數屬於中下階層，教養觀念不足；母親又因語言能力的不足，常造成夫妻、親子間溝通不良，致使新移民女性子女在學校產生了語言學習問題、文化認同問題、人際適應問題、課業學習問題，尤其是國語文能力低落，進而影響其他學科表現，為他們量身打造國語文補救教學方案，以補救他們因為家庭因素，而造成的暫時性落後。

　　教育部用「教育新弱勢」來稱呼他們，定位為臺灣的新社會問題。身為教育研究者，我期盼運用相關的研究方法，以理論建構「新移民女性子女國語文補救教學方案」，並輔以個案研究法，於正式課程實施，配合參與者訪談、觀察、反思、紙筆測驗、作品分析來進行研究，以驗證國語文補救教學方案實施的成效，作為班上有新移民女性子女的教師在實施國語文補救教學時的參考範例，幫助這群「教育新弱勢」族群，在閱讀、聆聽說話、生字詞彙及寫作學習上儘早迎頭趕上。此方案並可延伸至其他國語文補救教學，成為補救教學的新範式。

　　這本書是我在臺東大學語文教育研究所的碩士論文，這一路走來，最要感謝的是我的指導教授周慶華老師，有他的一路陪伴與指引，讓我走來雖然辛苦但是充實；為我檢視論文以致挑燈夜戰甚至廢寢忘食的這份情，更令我悸動不已。同時要感謝口試委員溫宏悅老師、簡光明老師，在事務繁忙中還要撥冗審閱我的論文，並給予寶貴的意見，增添我論文的嚴謹與詳實。也要感謝和我同組的同窗好友惠珠、秀芳、佩佩，有妳們互相打氣、搞笑的日子，真是令人開懷。另外，我要感謝我的校長，在我徬徨時，適時提供意見，為我開啟一扇窗。我還要感謝我的外子，在假日閉門苦寫時，代我探視年邁老母，由於有你們的幫忙，我的論文才得以順利完成；要感謝的人不計其數，包括我的親人、我身邊的好友還有小朋友們，由於你們不時的關愛及詢問，讓我不敢懈怠，推動著我向前邁進，有你們真好。

目次

表目次

圖目次

第一章　緒論

第一節　研究背景與重要性

近年來臺灣人口結構快速轉變，不但新生人口遞減，外配婚姻大增，新移民女性新生嬰兒人數持續升高。根據內政部統計處（2009）資料顯示，至 2008 年底止累計外籍與大陸配偶人數估計達 38.4 萬人，其中外籍配偶（含歸化取得我國國籍者）13.4 萬人占 34.94%，大陸與港澳地區配偶 25.0 萬人占 65.06%。從 1998 年起至 2003 年間外籍配偶人數逐年攀升，但自 2003 年 12 月起全面施行大陸配偶面談制度及外交部自 2005 年起加強外籍配偶外訪談措施，使近 3 年來大陸及外籍配偶結婚登記人數呈現減緩的現象（表 1-1-1）。

因婚姻仲介關係而結合的跨國婚姻基礎並不穩固，夫妻語言溝通的障礙及文化差異所衍生的觀念與習慣的不同，造成子女教育的困擾，乃是家庭、社區、學校、國家須正視的問題。根據教育部統計就讀國中小學的新移民女性子女數逐年攀升，從 2003 年 30,040 人增加至 2006 年的 80,166 人（小學部分，見表 1-1-2），短短 5 年增加 2.5 倍。

新移民女性子女人數逐年增加，以及入學後學習問題一一浮現。如何協助這群「新移民女性子女」的自我認同、人際互動與學習，以及如何透過教育，引領學童對族群的一視同仁，褪去媒體所製造出來的刻板印象與歧視，都是當今教育上刻不容緩的議題。

表 1-1-1　臺閩地區結婚登記的新移民女性人數（2002～2008）

單位：人

年份	總結婚登記數（對）	外籍配偶人數	大陸港澳區配偶人數
2002	172,655	20,107	28.906
2003	171,483	19,643	34,991
2004	131,453	20,338	10,972
2005	141,140	13,808	14,619
2006	142,669	9,524	14,406
2007	24,700	7027	15848
2008	21,729	6,084	13,037

資料來源：內政部統計處（2009）。

表 1-1-2　就讀國小的外籍配偶子女人數（按父母國籍分）

學年度	92 學年（2003）	93 學年（2004）	94 學年（2005）	95 學年（2006）	96 學年（2007）
學生人數	26,627	40,907	53,277	70,797	89,535
父母國籍					
中國	10,087	15,764	21,181	28,776	32,999
印尼	7,839	11,525	14,143	18,107	18,694
越南	3,567	7,141	10,940	16,584	24,268
菲律賓	2,143	3,185	3,801	4,500	4,230
泰國	1,859	2,447	2,858	3,257	2,860
其他	4,545	6,349	7,278	1,477	6,484

資料來源：教育部統計處（2007）

第二節　研究動機與目的

一、研究動機

（一）栗林村新移民女性子女人數逐年攀升，且有年級越低比率越高的趨勢

我服務的學校位在苗栗縣大湖鄉栗林村一個風景秀麗、民風純樸的水果小鎮。從學校二樓放眼望去，近看鯉魚潭遠眺關刀山，清晨的鯉魚潭湖面在薄霧籠罩下虛無飄渺，鳥聲啁啾；下雨過後的關刀山，煙嵐環繞，仙氣飄飄、有如畫家筆下的山水畫，五月的油桐花更把關刀山妝扮得有如穿著白紗的新娘子，清風徐來，飄落一地的五月雪，為山間小徑鋪上一條白花地毯。這裡住著勤奮打拚的客家子弟，世代以種水果維生，教育程度低，社經地位低，工作辛苦收入微薄。臺灣自從農業社會轉型為工商業社會後，女性自主意識抬頭，不願從事勞力密集工作或選擇不婚的比率增高。（夏曉鵑，2002；王宏仁，2001）住在這裡的適婚男士不易找到結婚對象並在傳宗接代的壓力下，紛紛至東南亞迎娶外籍新娘。幾年間栗林村人口結構竟然有了很大的轉變，學校為這批新移民女性開辦的生活適應班及語言學習班，不久就由原來的一班增加為兩班，入學的新移民女性子女目前已占全校總學生人數41%，並隨著年級越低而有比率越高的趨勢，儼然已成為學校重要的族群。當本村子弟為了尋求更好的發展而紛紛遷移至都市的同時，新移民女性子女適時填補了這個空缺，未來勢必成為學校的主力軍。其所衍生出的教育問題，已不容忽視。

（二）尊重多元種族文化，強調弱勢族群教育機會均等實現公平正義

我曾經在一場演講會中聽過一則故事，其中一段母女的對話把多元文化的精神表達得非常傳神，對話是這樣：

3

　　有一位小女孩不解的問媽媽：「媽媽，為什麼人的皮膚有黑色的、白色的、黃色的……」。媽媽笑著說：「在地球上有不同種族、不同膚色的人，就好比花園裡有黃花、白花、紅花、紫花，各種不同顏色的花在花園裡爭奇鬥艷，把花園襯托得既熱鬧又美麗。」

　　花園因為有各種顏色的花而顯得熱鬧、美麗，世界因為存在不同的種族文化而展現多元、精采。西方常以民族的大熔爐自居，以「同化」外來種族與支配控制為基調；而中國傳統思想主張「王道」，人與自然、宇宙、他人和平共生。17、18世紀歐洲殖民主義向全球拓展，受西方資本主義衝擊，臺灣婚姻移民婦女的境況，被物化、商品化，被歧視，失去了中國人際倫理「己所不欲，勿施於人」的相互尊重與平等互信互惠。（李瑛，2006）

> 「為什麼我是『外籍新娘』？我真不懂！我已經是一把年紀了，早就變成老娘了，還叫我新娘！」「這一聲『大陸妹』裡，沒有鄙視，但有界線的存在……問一句『她不是臺灣人吧？』老闆娘就會用細細的聲音一撇嘴：『那邊的！』這一句『那邊的』，含著濃濃的不屑……」（伍維婷、王君琳，2003）

　　以上是「外籍新娘」與「大陸新娘」在婦女新知基金會所舉辦的「請叫我……」活動中所表達的心聲，她們早已是臺灣的一份子，而卻始終被當外人看待。臺灣社會應該以尊重多元文化與種族的理念下倡導對弱勢族群公平正義、機會均等的觀念下平等對待。新移民女性子女學習困難，可能不是血統或種族的因素（甚至有人認為這些新移民女性是來改良品種的），而是因為她們社會資源不足、經濟文化不足、也可能是整體教育環境對弱勢族群的不友善。（夏曉娟，2002）不應以素質低下、智能障礙等刻板印象以偏概全。適時伸出援手，營造一個安全、開放、信任的學習環境，經由活動參與，與同儕合作、探究、討論以建立正向的生活態度、人際互動、學業成就、語文基礎，回歸中國固有和平共處、機會均等的王道思想。

（三）對教育現場的工作者來說正面對一個臺灣新經驗

　　具有教育的創新價值圍繞在我們身邊的這一群可愛的新移民孩子，也是「臺灣囝仔」的成員，已經在我們的眼前、在我們任教的班級、坐在我們的眼前，正需要我們伸出援手真心的幫助與疼惜。有一首詩這樣寫：

> 這些孩子身上存在兩國不同的血脈
> 卻沖刷出臺灣明日嶄新將來
> 他們黝黑明亮的眼睛
> 仰望未來希望的方向
> 他們是新移民女性子女
> 是我們應該真心疼惜幫助的「臺灣囝仔」
> （臺北市立教育大學主編，2006：04）

　　這首詩隱約提醒著我們，當我們凝視這群大眼睛、皮膚黝黑的新移民之子時，他們的加入臺灣的教育對現場的教育工作者提供了一個契機，我們正面對一個臺灣新經驗，一個高度複雜的族群，這個族群至少包括越南、印尼、菲律賓、大陸，來自不同的語言、文化、風俗與信仰，我們得重新學習、重新為自己的價值與角色定位。當面對這群家庭背景不同、學業成就高度落差，行為難以管束的孩子時，老師應該以怎樣的行動策略去面對？他們已是臺灣重要的族群，未來的希望，期望大家調整好自己以接納的態度迎接我們的新鄰居，協助這群為了遠離貧窮而嫁來臺灣的年輕女性和她們的子女儘早融入臺灣社會生活。

（四）造成新移民女性子女學業低成就的關鍵在國語能力

　　上網搜尋很容易就能找到與新移民女性子女學習有關的報導，意味著這已經成為臺灣的社會議題：

> 國內東南亞籍新移民女性所生臺灣之子，已有四萬六千人進入國中小就讀；臺北縣連續兩年針對小一生的基礎語文測驗，發現和一般學生出現顯著落差，學者指大規模研究也有相同結果，若未

及時重視，未來勢必出現教育雙峰現象，甚至造成社會問題。（林倖妃，2006）

針對臺北市外籍配偶所做的一項調查顯示，84%的新臺灣之子寫功課遇到困難，近半數覺得自己「跟其他同學不一樣」。（朱若蘭，2006）

教育部統計處（2003）的研究發現，受訪導師中，有 38.6%的導師認為東南亞籍配偶子女在語文學習上較其他學生差，語文能力又直接影響其他學科的學習成就。根據蔡榮貴、黃月純（2004）於〈臺灣外籍配偶子女教育問題與因應策略〉一文指出外籍配偶子女語言學習結構較差造成基層教師的負擔。李玉惠、吳清基（2007）的研究發現：造成新移民女性幼兒教育問題的關鍵因素在國語能力，國語能力影響到新移民幼兒參與遊戲和活動的表現，國語能力影響新移民女性幼兒家長與老師之間的互動。內政部兒童局（2004）的資料指出外籍配偶所生之子女，其發展遲緩比率並未高於本地兒童，但其「語言遲緩」及「認知功能遲緩」的比率則較高。苗栗縣每學年舉辦一次學業成就能力評量檢測，檢視一年來學生在各領域的學習成效，並找出學習成就低落學生，進行補救教學。在教育局督導下，由各領域輔導團統一命題，全縣統一考試，成績評定結果，新移民女性子女明顯落後，占各班後 5%，尤其國語文能力，須靠積累而成，與一般學生的差距更大，在在顯示亟待補救。教育局花費大筆經費與大量人力投入低成就學生補救教學，立意甚佳但成效不彰。國教輔導團針對各類題型分析了錯答原因及補救策略，但這都只是點的建議，應知學習是整體的、全面性的，要使補救有效，能實際運用於教學，還需加以整合、轉換、設計。但一般教師都還停留在學不好是因為練習不夠的觀念，企圖以重複練習來進行補救，當教師一個人當三個人用的疲憊與壓力下，耗盡體力、耗盡時間卻未見改善時，於是轉而怪家長不配合，怪學生資質駑鈍，怪學校、怪政府──成功的教育需整體性的實施，除了課業的加強，還需引起孩子內在學習的動機，提供必要的協助，增進教師課

室教學能力，找到適合孩子學習與發展的環境，才能克服困難。在課餘閒聊間得知班上有新移民女性子女的教師為這些孩子投注的努力，常有心有餘而力不足之感，而對未來面對新移民女性子女的教學與輔導將是無法避免之下，於是引發我的研究動機。

二、研究目的與待答問題

基於上述的研究動機，本研究擬探討新移民女性子女面臨的教育問題及成因，設計適合的國語文補救教學方案，以溫暖的態度關懷學習成就低落的新移民女性子女，提升他們的學習動機，運用學習策略的能力，安排支持的環境，改善國語文聽、說、讀、寫的能力；也期望能提升我自身的成長，並將研究結果提供班上有新移民女性子女的教師在國語文補救教學時的參考。本研究目的如下：

(一) 發展適合新移民女性子女的國語文補救教學方案。

(二) 探討實施補救教學後新移民女性子女在學習的影響。

(三) 實施補救教學後研究者的自我專業成長。

根據以上研究目的，形成本研究的待答問題：

(一) 了解新移民女性子女學習困難問題及成因何在？

(二) 如何發展新移民女性子女國語文補救教學方案？

(三) 如何設計新移民女性子女閱讀補救教學方案？

(四) 如何設計新移民女性子女生字詞彙補救教學方案？

(五) 如何設計新移民女性子女聆聽說話補救教學方案？

(六) 如何設計新移民女性子女寫作補救教學方案？

(七) 探討進行補救教學後對新移民女性子女在聽、說、讀、寫能力的影響為何？

(八) 如何提升新移民女性子女學習動機、運用學習策略的能力以改善學習低落的情形？

(九) 實施補救教學後我專業成長為何？遭遇困難為何？建議為何？

第三節　研究名詞釋義

本節針對研究中重要名詞，說明如下：

一、新移民女性

外籍配偶：泛稱本國籍人士不論男女，凡經由與非本籍人士通婚，其婚姻的對象。

外籍新娘：臺灣近幾年來所關注的「外籍配偶」現象，並非指廣義的外籍配偶，而是俗稱的「外籍新娘」。是指透過婚姻仲介或其他婚姻媒介管道而進入臺灣地區的大陸與東南亞等國的女性，主要來自越南、印尼、泰國、菲律賓等地。

新移民女性：「外籍」有排外的意思，「新娘」「配偶」侷限女性於婚姻框架裏。婦女新知基金會 2003 年舉辦的正名活動中，「新移民女性」獲得最高票。（李瑛，2006）本研究採用「新移民女性」的稱謂。

二、新移民女性子女

新移民女性子女，是指本國籍男性與東南亞籍或大陸籍配偶通婚所生的子女。本研究所指的新移民女性子女共 3 位，3 位母親皆為印尼籍女性，目前都就讀苗栗縣某國小六年級學生。

三、國語文補救教學

診斷學習困難的原因，針對學習困難的項目教學，使學生增加學習能力，稱為補救教學。補救教學原理大都為普通教育的有效教學原理的運用。補救教學基本上是一種診療教學模式，在事先選好受補救教學的對象後，再進行教學。（杜正治，1993）其整個補救教學的運作重點在針

8

對選取的對象，了解其學習的困難後，慎選教學模式、精心設計教學課程、運用教學策略、進行有趣富變化的學習活動，來引起他們學習的動機、興趣以重拾自信與成就感。本研究主要針對新移民子女閱讀、生字詞彙、聆聽說話、寫作成績低落者，進行整體性的補救教學。

四、國語文低成就學生

國語文低成就指的是國語文能力低於年級水準或低於其能力水準的學生。本研究指六年級新移民女性子女中，依據六年級國語學期學業成就低落但智商正常的學生，以符合實施補救者為教學觀察的對象。

第四節　研究範圍與限制

一、研究範圍

深度探討本研究場域（苗栗縣某偏遠國小六年級）新移民女性子女國語文學習的困境，據此發展有效的國語文補救教學方案；設計閱讀補救教學方案、生字詞彙補救教學方案、聆聽說話補救教學方案及寫作補救教學方案，並實施本教學方案，以提升新移民女性子女的國語文聽、說、讀、寫能力。在學習的過程中隨時修正、調整，並評鑑此教學方案的成效。研究範圍繪表說明如圖 1-4-1。

國語文補救教學方案設計以閱讀教學為中心統攝聆聽、說話、識字、寫字、詞彙教學方法，彼此形成相互「共生」的關係，以獲取各種語文經驗；並跟寫作教學以「互生」關係且相互「交集」存在，閱讀是輸入，寫作是輸出，不閱讀就想寫出好文章，就好像不輸入就要求輸出一樣。教材選擇以傳統制式教材為主，非制式、甚至另類教材為輔。（周慶華，2007：47-99）幫助因後天家庭因素、學校因素造成國語文暫時落後的新移民子女，以新穎而創新的教學激發他們的學習動機，讓聽、說、讀、

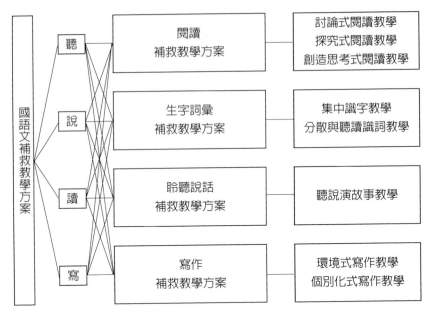

圖 1-4-1　國語文補救教學方案圖

寫融為一體，避免零碎語言能力無法整合的現象發生，並於課後針對較為落後的部分進行補救，以達到全面性國語文能力的提升。

二、研究限制

（一）理論建構的限制

　　由於整個國語文補救教學方案設計是經由理論建構而成，較缺乏全面實證研究的驗證，雖然也會選取我任教班級中三位學習成就低落的新移民女性子女，分析其學習成果、觀察其行為改變的情形來了解實施的成效，但較缺乏全面性多角度的驗證。

（二）研究時間的限制

學習是一條漫長的路，學習的習慣、態度及成效非一蹴可幾，須靠努力日積月累，但限於研究的時間有限，無法作長期的追蹤，實為研究不足之處。

（三）研究能力的限制

本研究的出發點，以設計適合新移民女性子女國語文補救教學方案為目的，至於其他影響新移民女性子女學習的家庭因素，為生活輔導、親職教育的範疇，而且早已有多人投入研究，非屬於本研究範圍，也由於我能力有限，擔心過多家庭因素的干擾造成研究的複雜化。

（四）研究檢證對象的限制

本研究的只侷限在我任教的六年級三位新移民女性子女國語文低成就的學生，缺乏地區性及年段性的檢證。

第二章　文獻探討

　　本研究的目的主要在根據導致新移民女性子女低成就的可能致因，及文獻中有效的教學原則，設計出適性的語文補救教學方案。這樣的補救教學是否能夠有效提升新移民女性子女低成就學童的語文能力？本研究以探討苗栗縣一所偏遠小學，三位新移民女性子女在校學習問題，透過課堂上的創新及課後補救教學，達到改善他們的學習困境，期望在校有良好的表現，以找回學習的自信。文獻探討的部分首先探討新移民女性及其子女的生活適應問題，接著探討新移民女性子女教育問題，最後綜合國語文創意教學、補救教學與學業成就等相關文獻，藉由文獻探討輔助本研究的推展。

第一節　新移民女性在臺生活適應現況

　　一群東南亞女性為了尋求新生活的可能及改善家庭經濟的目的，懷著「既期待又怕受傷害」的心情來到臺灣這個陌生的國度，勇敢的扮演著全新的角色。然而，因為臺灣社會對東南亞國家缺乏認識，對其懷有是「落後國家」的想像，以至於不論在政府政策、媒體形象或一般日常生活中，矮化了這些新移民女性的地位，也往往將新移民女性污名化。

　　根據《中國時報》記者林倖妃（2007）報導李大為、邱源寶以電話隨機抽樣訪問結果，顯示國人對新移民女性對臺灣社會的影響四成七認為負面，更有四成六的受訪者認為其所生之子女對臺灣人口素質有負面影響。這些歧視隱含著臺灣人民對第三世界的無知與偏見，造成她們在臺生活適應的困境。

一、無所不在的污名

（一）被認為是「社會問題」的製造者

當臺灣媒體形塑或詮釋新移民女性子女造成的「社會問題」時，以「假結婚，真賣淫」、「斂財」、「非法打工」等負面形象報導為「社會問題」的製造者，影響社會大眾對新移民女性產生偏頗的刻板印象。（楊詠梅，2003）官方說法也常援引，在政府與媒體相互論述下新移民女性本身、其婚姻與家人，被形塑成「低劣他者」。（夏曉鵑，2002）

> 「她們都是來臺灣騙錢的！」
> 「討到外籍媳婦就是麻煩，不知道她是不是真的，萬一跑了怎麼辦？」（夏曉鵑，2002）

在媒體對新移民女性過多的負面報導之下，臺灣一般民眾對新移民產生偏頗的看法，認為她們就是為了錢才嫁來臺灣的。

（二）被認為是「人口素質降低」的罪魁禍首

一位國小老師說：

> 外籍新娘的小孩一眼就看出來！他們不是過動愛破壞，就是呆呆笨笨的！她們的問題真的很多，我們一定要趕快想辦法解決！
> （夏曉鵑，2002）

行政院國民健康局委託臺中榮民總醫院執行的〈外籍新娘子女身心發展遲緩之臨床研究〉報告指出：

> 外籍新娘之子女經評估有發展遲緩情形占樣本之 26.47%，遠高於國內兒童遲緩盛行率 0.5%～1.0%。以遲緩的種類和類型來看，都是以語言發展遲緩的比率最高。（林志堅，2002）

14

事實上，榮民總醫院的報告在取樣上出現嚴重錯誤，因為新移民家境多為經濟弱勢，會主動帶子女就醫篩選者多為情況明顯者，無法知道樣本的母群體有多大，因此無法計算發展遲緩的發生率，因此醫療單位提供的數據有高估的趨勢。

鐘重發（2003）在〈家庭教育介入外籍新娘子女學前發展的模式與策略〉中，指出外籍新娘子女是發展遲緩的高危險群。

> 國人與外籍、大陸人士通婚日益普遍，「新臺灣之子」也越來越多，其所面臨的學習障礙、發展遲緩問題，受到關注。（顧瑜君，2006）

媒體如雨後春筍般紛紛報導這些新移民子女有發展遲緩的問題，相互抄襲報導內容下強化了這個說法，民眾未經質疑，而接受了這樣的說法。（夏曉鵑，2002）

（三）被認為是「占用社會福利資源」的元兇

臺灣地狹人稠，新移民會占用有限資源，特別是經濟弱勢移民來臺及人口素質降低發展遲緩，造成了「臺灣社會福利負擔」。（夏曉鵑，2005）

政府對外籍與大陸配偶所採取的是一種視其為「資源消耗者」的照顧輔導與施捨姿態。政府不檢討相關法令中造成外籍與大陸配偶基本權益的障礙，忽略她們因為性別、階級、國族差異所帶來的不平等，僅將其視為被救濟者，或必須被融合的低素質者，這種做法深深影響這群新移民女性的權益。（夏曉鵑，2005）

事實上，新移民女性不但需承受家庭經濟重大壓力外，更是家庭主要的照顧者，不僅需負擔家務，且照顧和陪伴孩子也是她們的責任。《中國時報》記者林倖妃（2007）報導：

> 屏東外籍配偶服務中心主任蔡順柔說：以農業為主的屏東縣，生產的蔬菜、水果都需要包裝送到臺北，當地的農產品包裝公司內幾乎都是外勞和新移民。因為「臺灣的教育水準提高了，基層勞動也沒了，大家都想當白領階級，只有靠新移民來補充勞動力」。

> 吳美麗說：依她的經驗，新移民最常從事按摩、看護工、餐飲業
> 乃至夜市攤販，共同的特色都是工時長，勞動量大。她直言「年
> 輕人眼高手低，不願從事勞力工作，臺灣人力供需市場出現嚴重
> 落差，多虧這群新移民適時填補了空缺」。

　　新移民女性的來臺，恰好彌補了因社會福利太差，導致臺灣女性不婚和不育的問題。政府正本清源之道，應將再生產的責任由個別家庭和婦女身上解放出來，由國家和社會負擔，未對症下藥的措施，反製造出她們「浪費國家資源」的污名。

（四）被認為「是一種買賣婚姻」的刻板印象

　　政府對婚姻仲介就地合法化的政策，致使無法消除國人對外籍配偶「買賣」婚姻的刻板印象。此種婚姻媒合業由內政部納入商業法管理，隨處可見「外籍新娘二十萬包到好」的廣告，更加深民眾對外籍配偶「買來的」印象。（夏曉娟，2005）

　　婚姻被扭曲而商品化，失去神聖性與價值，臺灣社會也拋棄了「己所不欲，勿施於人」的相互尊重與愛的關係。（李瑛，2006）

二、難以突破的困境

（一）遭受「臺灣社會」的歧視

　　整個臺灣社會雖然意識到新移民女性已有一定人數存在，但是媒體仍然有意無意貶抑新移民女性，「外籍新娘落跑」、「新臺灣之子人口素質有問題」不僅是一種歧視，「大陸新娘黑寡婦」更是一種潛在的仇視，讓她們感覺到自己不被接納。

　　以父權為主的臺灣社會，不論媒體或個人，都以一把「良家婦女的尺」來衡量這群新移民女性，想出去工作被視為「拋家棄子」，家庭糾紛被形容成「不守婦道」。她們提供的家務勞動、生育子女，往往被社會或政府政策忽略。（夏曉鵑，2005）

（二）面對「經濟」的困境

新移民女性由於先生多為工農階級，收入低，需工作賺取酬勞貼補家用以維持生計，在新移民急需工作的同時，在臺卻面臨種種的限制。原因是：

1. 須取得身分證否則以外籍勞工模式，由雇主提出申請，絕大多數雇主不願代為申請。
2. 缺乏訊息管道，以了解相關規定。
3. 由於語言障礙需靠家人才能獲得相關資訊。

致使大多數新移民被迫靠非法打工，並遭受不公平對待問題。她們的生存模式，大部分是家鄉習得的技藝，甚至賺的都是同鄉人的錢。多數外籍配偶只能做和原生國家相同的工作，有人拉保險，拉的都是原鄉姐妹。有人開餐飲店也是賣家鄉美食。（林倖妃，2007）

（三）面臨「婚姻」的調適

她們對於臺灣的先生、家庭只有模糊或錯誤的認識，來臺後因文化差異、觀念不同而適應不良。不同文化的人對婚姻本質、觀念產生不同的期待與價值觀，新移民女性期待能透過婚姻改善原生家庭的經濟狀況，希望夫家給予更多的回饋，自己卻過得捉襟見肘；先生則因年紀較大，娶妻以傳宗、持家的目的居多，造成雙方對婚姻的期待與目標落差，於是婚姻出現調適不良現象。（黃馨慧，2005）

（四）需要適應「文化差異」的衝突

鴨仔蛋在越南是再便宜不過的天然補品，越南人每天都要吃上幾顆來補身。臺北縣淡水鎮天生國小校長歐亞美說：

> 曾經有學員說夫家不准她吃「鴨仔蛋」，每次想吃的時候都得跑到同鄉家裡吃，讓她深感不平，反而抱怨臺灣人愛吃的「皮蛋」才噁心，顏色黑又有股腥味，根本吃不下去。（李素惠，2007）

在越南，只要家長叫喊孩子，孩子就站直雙手交叉以表示「尊重」，在臺灣雙手交叉腋下有「不削、生氣」的意思。嫁來臺灣三年二十四歲的林清泉說：

> 因為曾經教過女兒依此尊敬長輩，但婆婆並不理解，有次女兒不乖，婆婆氣得罵她，兒隨即雙手交叉，婆婆以為孫子在挑釁，反倒更生氣。（李素惠，2007）

（五）缺乏「支援」的系統

由於新移民女性隻身來臺，原有的社會關係來臺結婚後無法成為支援系統。多數不懂中文的東南亞裔新移民女性，因為語言的隔閡，更加深了她們建立社會關係的困難。社會關係缺乏，更使得她們的生活侷限在家庭中。家庭生活中習慣差異往往造成誤會，使誤會變成心結。來自越南的小芳抱怨：「她們講話好大聲，好像在吵架！」一位家屬說：「我們講話本來就是這樣，大家都是做工的，直來直往，習慣這樣，沒有惡意」。新移民女性由於缺乏社會支持系統，相較於本地婦女，面臨更多的孤立無援。（夏曉鵑，2005）

（六）遭遇「子女教養」的困難

許多新移民女性來臺一段時間，當漸漸適應臺灣生活後，孩子成為她們生活的重心，當她們管教孩子時，婆婆、先生、甚至鄰居會指責她們的管教方式，使得她們深感挫折、身心俱疲。在父權制度的家庭中，母親處於邊緣地位，在家中沒有發言權，所以孩子不聽媽媽的話、輕視媽媽，但當孩子發生偏差行為時，卻將責任歸咎於母親，再加上社會和家庭對新移民女性採取不信任態度，更造成子女教養的困難。（張明慧，2005）

如果我們能珍惜上天恩賜的這面鏡子，我們更應該盡可能的挑戰自己的偏見，嘗試以同理心去理解新移民女性在臺灣的處境。經過深入了解後，我們的熱心相助，才不會變成另一種污名化以及傷人的利刃。真

正的多元，應該建立在對現實處境的了解和尊重，其實這些新移民，是促成我們社會走向更多元發展的機會。虛心接受這些新移民帶給我們的刺激，感謝她們對我們社會所做的貢獻，是臺灣人民現階段所要學習的重要課題。

第二節　新移民女性子女就學現況

一、家庭因素造成學習適應的困境

新移民子女由於所處家庭多為父母社經地位、教育程度中下，另又由於母親語言文字不足下缺乏社會支援系統、文化差異的衝突造成夫妻、親子、婆媳溝通問題，在這樣家庭環境影響下的新移民子女，產生課業學習、語言學習、文化學習、人際學習及身心智能等問題。

夏曉鵑（1997）指出：對身處異國的外籍新娘而言，語言及文字所造成的障礙，使其無法運用原先具有的讀寫能力於所處的社會中從事各種活動，除了造成生活上的不便之外，更常造成教育第二代的一大障礙。

賴建達（2002）研究發現：跨國婚姻對子女的學校表現有負面影響。而這些負面影響，對於原本即為低社經背景、文化不利的家庭，將更難有向上流的機會。

（一）課業的學習問題

學生進入小學後，遇到課業問題時，除了請教老師外，最常負起課業指導者為母親，而這群新移民子女的母親，大多由於學識不足、語言文字不足，不會教也不會讀的情況下，造成其子女課業上許多困難與阻礙在學校表現普遍不理想。

外籍新娘為了寄錢回家，拚命工作的同時也因此影響照顧家庭與子女。

臺北市國小學生家長聯合會理事長劉承武表示，有些外籍配偶連家長聯絡簿都看不懂，更不知要如何教育下一代，建議學校將這批新臺灣之子，能比照接受特殊教育的小孩，給予個別的教學計畫輔導。（邱芳晞，2003）

上篇報導提及「有些外籍配偶連家長聯絡簿都看不懂，更不知要如何教育下一代」，顯而易見，我們的社會認為看聯絡簿是母親的職責，意即孩子的教育問題是母親要負責的，指導孩子做功課對一般媽媽來說尚且困難，何況是新移民女性。因此，老師們不應該把問題歸因為「外籍新娘不會教小孩」。

（二）語言的學習問題

由於新移民女性在教養孩子時難有自主權，甚至不允許用自己的母語和孩子互動，造成不諳中文的母親與孩子互動的障礙。母親因為不能用母語及國語能力的不足的情況下，而不敢與孩子互動，甚至害怕孩子學到她「不標準」的國語，或怕在大庭廣眾遭到異樣眼光，而刻意與孩子減少互動的機會，孩子因為語言刺激不足，不喜歡說話，拒絕用語言跟別人溝通，而產生語言障礙與遲緩。

新臺灣之子上學後，由於學習語言比別人緩慢，加上可能受到同學排擠，回家後又無法與母親溝通，往往求助無門而痛哭。（張明慧，2005）

國內實證研究顯示母親語言會直接影響子女的學習，如果母親會使用國語則子女的學業表現也較好。（林璣萍，2003）外籍新娘的子女由於主要照顧者的語言能力不足，相對之下也影響子女的學業成就、語言程度。（劉秀燕，2002）有些外籍新娘的學歷雖不低，但因中文識字的障礙，使得她們不能將自身的能力，轉為力量與行動來參與子女的學習。（蔡奇璋，2004）

（三）文化的學習問題

新移民女性由於和臺灣不同的的語言、生活習慣、風俗文化造成教養子女觀念、態度、行為的差異，容易產生誤解，影響所及將使其子女產生文化適應與認同的問題。小朋友受媒體不實報導，及自己長相稍有不同，被歧視、標籤化的影響下，造成文化認同及自我認同的問題，甚至產生自卑。（蔡榮貴、黃月純，2004）

外籍新娘由於文化差異導致飲食、與親族間的人際關係、生活習慣等困擾，長期焦慮、緊張、後悔，造成對子女教養產生負面抨擊。（劉秀燕，2002）蔡奇璋（2004）的研究發現，她們只知道用原生國的教育方式來教育孩子，由於對臺灣文化的不了解，教育子女時出現心理障礙。

（四）身心智能的問題

迎娶新移民女性的臺灣男性除了農村社經地位較低男子外，也不乏身心障礙者、家境貧困或缺乏謀生能力的弱勢族群，男性又有抽菸、酗酒、吸毒或嚼檳榔等影響健康的惡習。（王秀紅、楊詠梅，2002）而新移民女性因大部分缺乏優生保健的觀念，產檢不落實，容易生出不健康的胎兒，在身心發展上有遲緩的現況。（周美珍，2001；李佳桂，2001；林秀美，2003）

二、學校因素影響學習適應

這些孩子在家庭環境（溝通不良產生的家庭衝突）、經濟環境（職業低、家庭收入低）及教育環境（父母教育程度低，教養採放任態度）等弱勢之下，上小學後，適應問題、學習問題、行為問題便一一浮現。

> 根據臺北市萬華區對各國小導師進行對新移民子女問題問卷，填答資料顯示：學童在課業上表現不佳之科目，依序為國語、數學、英語、自然、社會。（邱豐盛、鄭秀琴，2005）

老師對新移民女性子女學生最感困擾的是：語文科學習較弱、學習意願低落、注意力較無法集中、擔心受到排擠。（同上）

老師對家長最感困擾的是：教養觀念偏差、無法在課業上協助子女、經濟及婚姻狀況不佳，影響子女教育、媽媽不會中文無法溝通。（同上）

根據蔡榮貴、黃月純（2004）研究中指出，外籍配偶子女在遭遇到學習問題中，有關學校與機構的問題包括：輔導外籍配偶子女將增加基層教師的負擔；補校與成教班學生輟學率、流動率高，教師備覺挫折感；學校資源不足教師輔導意願不高；缺乏跨部會資源整合；補救教學或學習輔導較為片段零散。

由以上的資料顯示，新移民女性及其子女的潛在問題，需以教育的力量來解決，透過教育的措施，提升他們在學習及生活的適應能力，教師如何協助學校適應困難的新移民子女，以下提出幾個思考點與努力方向。

（一）消除「刻板」的印象

教師不應受媒體渲染的誤導下，對新移民子女存有刻板印象，有些新移民子女甚至比一般家庭子女表現的更優秀。教師應本著積極教育的態度，認識這些因後天因素造成的弱勢孩子，進行適當的輔導，以成為「孩子的貴人」為志向。

（二）建立「親師溝通」的管道

陳碧雲（2004）曾指出建立好親師溝通，也是輔導的重要課題。教師大多是透過聯絡簿與家長溝通，但有些新移民女性不認識中文因此也看不懂聯絡簿，教師不妨主動出擊，利用家庭或電話連絡，建立溝通的管道；並協助爭取相關資源，提供相關訊息。

（三）探討「語言學習」的困擾與補救

　　診斷新移民之子女語言發展的背景及成因？倘若為後天造成，教師應探討是家庭環境在文化差異、語言不通，母親無法發揮親子教育功能的情況下產生的溝通困難？或是語言腔調遭受同學恥笑，影響與同學的人際溝通？教師可以主動出擊家庭訪問，提供必要的協助資源，協助她們認識中文、說國語、改善語言力、增進親子溝通。如果是因為語言能力、缺乏文化刺激遭受同學排擠所導致的與同學的溝通不良，教師應主動勸說，輔導發揮同學愛、鼓勵他們互相協助、同儕合作，以增進語言能力發展。（蔡榮貴，2004）

（四）營造「教室合作學習」的環境

1. 教師應提供孩子公平學習的機會：了解新移民子女特質，建立適當的期待，提供公平的學習機會。
2. 教師應給予適當的成功機會：減少作業份量、難度，使其在同學面前有能力完成老師指定的作業，並能回答較簡單的問題，以增加自信心及學習興趣。
3. 以小組合作學習方式，提供同儕合作機會：透過與同儕互動增進其人際關係發展，幫助新移民子女的學習效能。
4. 安排補救教學：對學習落後的新移民子女，安排課後的輔導，進行補救。

（五）期望與讚賞

　　曾慧敏（1998）曾針對學生的學校生活適應的觀察研究中發現，教師會對他期望越高的學生提供較多的機會與讚賞；但相對的如果教師對他所期望較低的學生則態度較冷淡、要求低。且懲罰與控制的行為較多的時候，學生的表現則會較消極、被動，且會出現內向畏縮，因此容易受到同學的排斥或輕視，所以教師的態度也是新移民子女能否適應學校生活的一個重要因素。

根據一些小學老師的分享，新移民女性的孩子經過一段時間適應之後，發展與適應逐漸上軌道只要經過耐心與指導學習就沒有問題。在困難的初期適應之後，老師會發現，這些孩子適應情形和一般臺灣孩子沒有兩樣，學習能力遠遠超過老師的期望。（夏曉鵑，2005）

第三節　補救教學理論

傳統的教學方法並非一無是處，只是它有所不足。面對著個別差異存在的事實，一種教學法無法乞求每位學生都能進行有效學習。實施補救教學是實踐「因材施教，帶好每一位學生的教育改革理念的重要措施。（楊坤堂，1997）一般認為低成就學生學習上遭遇的困難，是由於學習動機、學習能力、學習策略或學習環境不當，導致學習過程中不能充分有效學習，造成學習結果顯著低於實際能力的現況。對學習困難學生進行一連串積極教學的措施，以達成補足與救治的功能。（張新仁，2001）

一、補救教學受教對象的特質

> 一到上課時間腦子就一團亂，思緒好像停止一樣。聽老師講課就像在看沒有字幕的外國電影，腦子裡像開水一樣咕嚕咕嚕冒泡，沒辦法集中精神。為了不看老師的眼睛只好趴在桌子上……（南美英，2007：23）

這正是學習成就低落的學生在課堂上的寫照，他們往往像教室裡的客人，無法真正融入教室情境中，跟不上也聽不懂，缺乏學習動機，顯得懶洋洋的、無精打采。新移民女性子女由於本身的因素、家庭因素、造成學校的不適應、跟不上進度，而使得學習每下愈況，課業成績未獲得成就或常遭挫折，而漸漸喪失自信，表現出自卑、退縮甚至攻擊的行為。有人認為學習成就低落的學生共同的特徵是：

生活沒有目標，不願多花時間複習功課、注意力不集中、粗心大意、不喜歡做功課、基礎落後甚多、沒有讀書技巧、對課業學習沒興趣。

這些學生對其他方面表現，有時又顯得十分機靈，有創新的想法等特質。有些學生因為長期處於學習狀況不佳的情境中，因而表現出自卑、退縮、逃避、推卸責任及反社會行為傾向。（張景媛，2001：278）。

低成就學生具有某些共同特徵（表2-2-1）。

表 2-2-1　低成就學生特質

學業表現方面	日常行為表現方面
1. 測驗表現，呈現低作答技巧。 2. 學業成績表現差。 3. 閱讀或數學程度比一般學生低。 4. 經常找藉口不交作業、遲交作業，或拷貝同學的作業。	1. 依賴性重，需家長、老師特別注意。 2. 有固著傾向，有興趣科目或課程表現優異。 3. 容易分心。 4. 學習態度不佳，缺乏恆心、動機。 5. 自我控制及社會控制不佳。 6. 需要比其他同學更多學習時間。 7. 不喜歡學校及家庭作業。 8. 習慣性遲緩及較低出席率。 9. 家庭提供較少的支持。

資料來源：郭玉生（1995）

早期對低成就學生的界定為：智力正常，但其實際學業表現明顯低於其能力水準。近期經修正後的界定為：經學業成績考察，其學科成就不及格，且在學業成就的表現低於其他學生許多者。（張新仁，1995）教育的目的在提升學生學習的成效，只有學生的學習成就獲得家長及社會的肯定，才是教育進步的指標。對這些上課時老是感到「一頭霧水」的學生來說，如果不及時補救，往往造成其繼續學習的障礙，久而久之，這些學生可能因為「跟不上」、「聽不懂」而變成教室裡的「客人」，甚至於逃離學校而成為「社會邊緣人」。

二、補救教學相關理論

國內對於補救教學理論的研究較缺乏，以下轉引自張新仁（2006）提出補救教學歷程、模式、策略、課程設計分別整理陳述如下：

（一）補救教學的歷程──「評量－教學－評量」

補救教學的首要工作在選取補救的對象、蒐集其相關資料（各科成績、學習態度……）、進行資料分析診斷、徵求家長同意、請求導師支援後正式評量。補救教學實施後期望學生能跟得上原班級教學進度為目標。

（二）補救教學模式

國內外常用補救教學模式有資源教室、學習站、套裝學習、電腦輔助教學模式（表2-2-2）。

表 2-2-2　補救教學模式

教學模式	時間、場所安排	教材選用	教法實施
（一）資源教室方案（resource program）	大部分時間─普通教室少部分時間─資源教室	正規課程內容。補充教材（書店商品、教師自編或改編）。	個別教學或小組教學。
（二）學習站模式（Learning stations）	在教室中畫出學習區，教師密集式指導。	依照個別學生需要與進度隨時提供需要的教材。	個別教學（示範、模仿）。
（三）學習實驗室模式（learning lab）	在實驗室裡營造各種學習方法、學習情境。	學習臺上備有學習盤，盤上有個人檔案集，及各科教材教具。	個別獨立學習後作業交老師批改。
（四）套裝學習材料模式（Learning package）	沒有特地場合，隨時隨處實施。	依據學生個別需求提供。	個別化教學導向。
（五）電腦輔教學模式(CAI)	有電腦設備的地方，隨時進行。	依據學生個別需要與能力設計個別需要的軟體課程。	個別化教學及立即式回饋，提升學習動機、信心。

資料來源：郭生玉（1995）；張新仁、邱上真、李素惠（2000）

（三）補救教學策略

有效的教學策略，及行為管理適時介入以為補救，能有效幫助低成就學生（表 2-2-3）。

表 2-2-3　補救教學策略

教學策略	教學步驟	教學特色
（一）直接教學	1. 複習舊教材。 2. 呈現新教材。 3. 教師指導練習教材。 4. 學生獨立練習。 5. 週複習與月複習。	適用於教學生： 1. 記憶事實。 2. 學習動作技能。 3. 讀、寫、算技能。
（二）精熟教學	1. 引導階段： (1) 學生不需與他人比較。 (2) 事先訂定成績標準。 (3) 接受一系列評量，了解學習困難所在，決定是否補救。 2. 正式教學階段： (1) 將教材分若干單元，擬定單元目標及精熟目標。 (2) 進行班級教學。 (3) 每一單元結束後施測，並回饋。 (4) 未達標準者參加補救教學，學習原教材，進行第二次施測。 (5) 未達標準者於課餘接受其他補救活動，達標準者接受充實性活動。 (6) 全班進行下一個單元教學。	只要列出學生經熟的標準，並給予足夠的時間，幾乎所有智力正常的學生，皆精熟大部份學習內容。
（三）個別化教學	1. 細分教材若干單元，設精熟標準，評量考試。 2. 事先備妥學習教材、學習指引。 3. 學生按自己能力、時間決定學習進度，精熟各單元。 4. 讀完各單元參加單元評量，達精熟者進	教學理念與作法，與精熟學習相似，其差別在： 1. 個別教學。於學生根據教材個別學習，進度自己決定。

		2. 精熟教學。教師進行團體教學,教學進度由教師決定。
(四) 合作式學習	1. 全班授課。 2. 分組討論或練習。 3. 小考。 4. 計算進步分數。 5. 小組表揚。	透過小組合作學習的方式精熟學習內容。其特色為: 1. 異質分組。 2. 建立相互依賴關係。 3. 重視小組獎勵。

資料來源:郭生玉(1995);張新仁、邱上真、李素惠(2000)

(四) 補教教學課程內容類型

補救教學的課程內容,因教育理念、教師素養、學習設備及學生本身需要,而呈現多樣化(表 2-2-4)。

表 2-2-4　補救教學課程內容

教學課程	課程內容
(一) 補償式課程	1. 以不同的教學方法達到相同的教學目標 2. 教學實施方式: 　(1) 對象:社經地位不利學生。 　(2) 教學方法:直接教學法。 　(3) 常見方式:提前入學方案、持續追蹤方案。 　(4) 教學者需與行政人員及家長配合。
(二) 導生式課程	1. 為學生提供額外解說,舉更多例子,對教材再做複習。 2. 教學實施方式: 　(1) 教學方法:除正式課程外提供一對一或小組教學。 　(2) 耗時耗力,可鼓勵同儕參與補救教學活動。
(三) 學習策略訓練課程	1. 教學重點不是一般的課程內容,而是學習的策略。 　此策略運用於中低等程度學生頗有助益。 2. 學習策略: 　(1) 一般性學習策略:注意力、認知、動機、後設認知 　　　等策略。

	(2) 學科特定策略：適用於各學科的學習策略，如閱讀策略、寫作策略。

資料來源：郭生玉（1995）；張新仁、邱上真、李素惠（2000）

（五）補救教學課程及教學設計的原則

補救教學課程設計需考慮到由易至難、由簡至繁、由已知到未知的學習原則，才能建立學生的學習自信與動機。課程具高度結構性，具體明確，才能掌握學習重心。教材宜簡化，學習活動富變化、具趣味性（表2-2-5）。

表 2-2-5　補救教學課程設計原則

課程設計原則	教學進行原則
1. 分析學生基本能力：注意力、理解力、記憶力、觀察力。 2. 評量學科能力：學科成就評量。 3. 評量學習動機。 4. 擬定課程目標：包含學習對象、學習內容、行為標準、教學方法、評量方式。 5. 選擇適合受試者能力的教材：有效的學習策略、簡化教科書內容、編選坊間教材、自編教材。	1. 徵求學生參加的意願。 2. 根據學生程度教學。 3. 小步驟循序漸進學習。 4. 提供回饋，安排增強。 5. 使學習教材有意義。 6. 協助記憶。 7. 安排合作式小團體教學。 8. 提供多樣化練習機會。 9. 建立成功經驗。 10. 激勵學習動機。 11. 使用多元化教具，以提升學習動機。 12. 建立良好師生關係。

資料來源：郭生玉（1995）；張新仁、邱上真、李素惠（2000）

孩子的學習有如登階梯一樣，我們稱它為「學習階梯」，如果當中的部分階梯斷了或遺漏了，不難得知，在往上走的過程一定非常困難與辛苦，這也就是為什麼許多孩子在學習歷程中放棄的的主要原因，對他們而言，絲毫感受不到「學習」的樂趣。充分保障所有學生都能接受優良教育的權益，是所有教育工作者責無旁貸的義務與責任。「因材施教」「有

教無類」是重要的教育理念，如果能引起學生內在學習動機，提供必要協助，教師增進教學能力，與家長溝通，建立共識，找到適合個別孩子學習與發展的環境，才能開創教育的新契機。

教師如果能衷心接納學生，學生自然有學習的信心；教師如果能肯定學生的價值，學生便能追求自我發展。站在接納與肯定的立場，設計補救教學活動，貫注於「因材施教」的基本精神，務使教學方式生動活潑，教學評量簡便多樣化。每位學生語文能力都能在現有的基礎上有所長進。

第四節　國語文補救教學相關研究

> 「反敗為勝」，顧名思義是要幫助孩子成功。反敗為勝有兩層意義，依一般人的認知，失敗了再爬起來就是反敗為勝；另一層意義則是戰勝自己，將自己的潛能發揮至極致。（蔡典謨，2003）

補救教學，正是本著「永不放棄孩子」、「把每個孩子帶上來」的理念，幫助學習成就低落的孩子再爬起來，反敗為勝、激發潛能，使課業表現進步的一種教學。本章將回顧過去國語文補救教學的相關文獻，鑑往知來，明白過去做過哪些研究？這些研究獲致哪些結論？以提供我設計教學活動時再次思考或調整研究的方向。

在國內有關補救教學研究，多為數理科的補救，國語科一直被認為理所當然應該要會的科目，無需補救，所以探討國語科補救教學的文獻，寥寥可數。但由於2001學年度起，九年一貫課程改革正式上路，部分學科進行整併，並以「領域」替代「學科」，教學時間的分配也改以彈性的方式加以規範。原本的國語科與鄉土語言、英語等合稱為語文領域；在教學時間方面，語文領域雖仍居各領域之冠，但與鄉土語言和英語瓜分教學時數之下，學習時間銳減，讓國語文的教學面臨重大的挑戰，學生國語文能力逐年低落的情形，有目共睹。曾經是滿街的數理補習班，曾幾何時，標榜寫作的補習教育，逐年竄紅。國語文教育對先天不足的新

移民子女來說更是雪上加霜，亟待實施補救教學來彌補因環境造成的學習弱勢。

隨著讀寫萌發研究的出現，打破以往將閱讀與書寫當成截然不同的兩件事，讀寫的發展不再是先後的關係，而是攜手並進，寫作也是發展閱讀能力的一種管道。生字詞彙是閱讀的基本工具，詞彙量與解字能力的不足是造成閱讀困難的重要原因之一。語言分口說語言和書寫語言，我手寫我口，寫作先從口語表達開始，再進階至書寫語言，所以說與寫也有密不可分的關係。國語文補救教學，聽、說、讀、寫之間息息相關，無法切割學習。

周美華、呂振嘉（1986）探討資源教室方案的理論與實際運作情況，以國語文閱讀障礙兒童為實驗對象，藉著「資源教室」的個別化補救教學方案，作有系統的分析、輔導與矯治，使學童能獲得有效的學習與潛能的充分發展。學生大部分留原班上課，高年級僅團體活動、說話、作文等課到資源教室，低年級利用上、下午沒課時間實施個別化國語文補救教學。依據個別學童能力為起點設計教材，加強知覺動作訓練、生活指導、注音符號的認識及應用、言辭表達、閱讀能力的增強、字音與字形練習、字義練習及作文練習。補救教學實施一年，教學上儘量運用心理輔導技巧，以提高學童學習動機與興趣，並藉此改善學童不適當的學習態度及行為。

實施結果：低年級，需要補救的範圍小，有比較好的補救效果。高年級補救教學時間與原班上課時間有衝突，補救時間較少，需要補救的範圍大，短時間不容易看到效果。高年級如果能利用漫長的寒暑假，在不干擾其正常進度及各種課程下，實施良性補救教學，應該是比較理想的辦法。

徐光國、洪清一、陳芬蘭、陳芳珊（1993）針對國小一年級學習遲緩學生進行國語科補救教學，進行 8 週 32 小時的課程，讓這些遲緩兒接受較不同於課堂的教法，並輔以其他學習策略。結果發現學生課業進步，尤其是學習態度改變，由被動逐漸變為主動學習；生活適應加強，由孤獨逐漸主動參與班級社會活動，個人自信心也因學業進步而增加，使人

格呈現健康發展。因此他們認為對學習遲緩者，只要教師和父母多花一點時間、多付出一點關心，便能使學習較順利。

林秀玲（1994）針對彰化市民生國小、中山國小、平和國小，二、三年級普通班的輕度智能不足學生為研究對象，各校篩選八名，以學校為單位，隨機分配為實驗組與控制組，兩組實驗組學生接受注音符號四十小時補救教學，控制組只在原班級接受該年級國語科教學，不另接受注音符號補救教學。結果發現：（一）注音符號補救教學有助於增進輕度智能不足兒童注音符號學習成績。（二）二種教材教法對輕度智能不足兒童注音符號的學習表現、保留效果與類化效果並未有顯著的差異。

游惠美（1997）曾探討電腦輔助教學與傳統教學，對於國小二年級低成就兒童注音符號補救教學學習效果的成效。其研究是將 48 位樣本分為四個實驗教學組：純電腦教學及輔助教學組、先實施電腦教學後實施傳統教學、先實施傳統教學後實施電腦輔助教學、純傳統教學。結果發現：四種實驗教學對於低成就兒童的注音符號補救教學，學習效果都有顯著的進步；四種實驗教學對於低成就兒童的注音符號補救教學學習效果，沒有顯著的差異。該研究指出，補救教學的效果似乎在於有無實施，而非指特定的教學模式。

陳淑麗、洪儷瑜、曾世杰（2005）以國語文補救教學診斷原住民低成就學童是否為學習障礙進行研究，對臺東市 47 位國語文低成就的原住民學童進行 11 週的補救教學，其中二年級 21 位，三年級 26 位。先分 6 組，每組 6-10 人，教學前先實施大約 4 小時的測驗，並提供 11 週、每週兩節課，共 75 節課的補救教學。教材由研究小組自編，教材概念強調在地素材，以符合原住民兒童的生活經驗為取材原則。教學成分包括閱讀理解、詞彙及生字。閱讀理解成分主要採「故事結構法」；詞彙部分採「詞彙網教學」，生字則用「部件教學法」，強調自動解碼。後測證據顯示，補救教學有顯著成效。

此研究再根據補救教學的反應區分為「教學反應較差」的「低成長」和「教學反應較佳」的「高成長」兩組進行研究，以研判教學是否拉近智力與語文間的差距。研究的語文能力包括識字、閱讀理解和書寫等成

分，研究主要發現：（一）二年級學童容易有智力和識字的差距，三年級學童有智力和聽寫及閱讀理解的差距。這個現象和閱讀發展有關，年級越低，兒童發展的重點越是低階的解碼識字，年級越高，解碼識字已經有了一定的水準，發展的重點移至聽寫和閱讀理解等較高層次的技能。（二）教學拉近了智力和語文間的差距。

韓志評（2003）的碩士論文研究以四格圖說搭配同儕支持的認知寫作補救教學方案（簡稱認知寫作補救教學方案），協助一位二年級、一位三年級學習障礙學童寫作表現寫作態度成效，並探討該教學方案在資源班語文教學過程的優缺點。以看圖作文，利用故事整合語文活動的核心，培養低年級學生觀察能力，發展學生的思維、想像能力和表達能力。教學過程分兩個階段，第一階段為基礎教學期，第二階段為進階教學期。兩位受試者在基線期、基礎教學期、基礎教學後、進階教學期、進階教學後，均使用四格圖刺激寫作，以自製評量表評量寫作態度，分析教學前後作品，以了解寫作補救教學成效。並使用訪談、教學節數分析、老師教學紀錄作整體分析，以探討教學方案對兩位受試國語文教學的優缺點。

研究結果顯示：（一）寫作總字數明顯增加。（二）寫作內容進步，串聯故事情節上表現較差。（三）寫作態度成正向。（四）課程回饋時能用簡單句回答，但寫作時卻有排斥情形發生。（五）作文教學同時整合生字詞教學，其成效較以傳統課文模式教學差。（六）研究的配套節數嚴重不足，說故事模式與生詞精熟模式可整合應用。（七）依據學生當時學習狀況作動態調整造成教學時間嚴重不足。

綜合以上研究發現：補救教學不應該只是學科補救（國語、數學……），還應涵蓋功能性補救（學習方法、學習態度……）。經過實施有效的教學方法後，定能帶給學生成就感，讓學生肯定自我，自我概念的形成將促使學生獨立學習，不只學業能獲得改善，甚至人際關係，做事態度都會愈來愈進步。

　　造成學生低成就因素很多，可能是文化刺激不足、智力問題、學習意願……造成。需透過教師觀察、學童文件資料分析及教師教學反思札記，找到學生能力所在，再針對能力設計教學內容。

　　探究國語文補救教學相關文獻，發現大都把語文教學做細項切割，補救教學只做單項補救，而非把語文視為統整的領域，在真實生活情境中，聽、說、讀、寫相互連絡，而非單一出現，所以本研究擬別於以往研究，採取聽、說、讀、寫全面性的補救。

第三章　研究方法

　　鑒於近來教育的新弱勢——新移民女性子女，在校園已漸成一股新族群，希望自己能以多年的教書經驗，同時採用理論建構補救教學方案，輔以實務印證此方案實施的成效；透過觀察、訪談、學童文件、我的研究反思、紙筆測驗卷等來蒐集研究資料，分析學童學習成效。並透過實際教學過程不斷反思、檢討、修正此教學方案，以增進其有效性。

第一節　研究架構

　　「工欲善其事，必先利其器」，有好的研究方法才能成就有成效的研究目的，依據前述的研究目的、待答問題以及相關研究成果整理、歸類、分析、批判後，在這章將依照研究架構的順序，使用不同的研究方法及步驟針對研究對象展開探討，達成研究的目的。整個研究架構如下：

　　我依據文獻探討新移民女性子女共同的學習特性及影響國語文能力問題，並透過 2008 學年度月考試卷分析三位學童「聽」、「說」、「讀」、「寫」不足之處，參照國語文教材綱要與相關研究，分別設計以「閱讀」、「生字、詞彙」、「聆聽、說話」、「寫作」為主軸的補救教學方案施以補救教學，所選取的三位實務驗證對象於原班參與補救教學方案課程，以師生間的對話、學習活動中的表現、作品的前後比較、紙筆的評量卷分析，來評估學習效益。

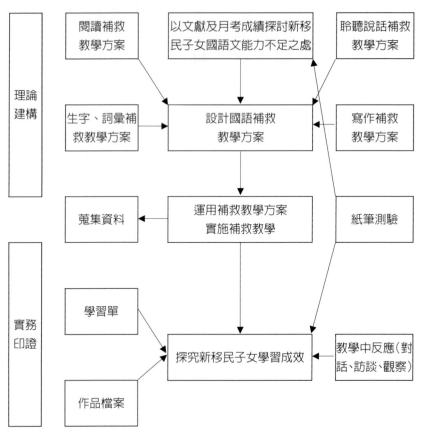

圖 3-1-1　研究架構圖

第二節　研究對象

　　我在這次研究中將依循兩個研究方向同時並進：一個是理論建構的部分；另一個是實務印證的部分。研究對象、研究工具及研究步驟依照「理論建構」及「實務驗證」來說明。

一、研究對象

（一）理論建構

表 3-2-1　理論建構研究對象

研究章節	研究對象	說明
第四章	1. 討論式閱讀教學。 2. 探究式閱讀教學。 3. 創造思考式閱讀教學。 4. 閱讀補救教學方案。	用發生學的方法，先探討閱讀能力的發展過程及影響；再以社會學方法，探討討論式閱讀教學、探究式閱讀教學、創造思考式閱讀教學，以此理論基礎建構閱讀補救教學方案；藉以補救新移民女性子女閱讀動機、互動技巧、閱讀學習能力的不足。
第五章	1. 集中識字教學。 2. 分散與聽讀識詞識字教學。 3. 生字詞彙補救教學方案。	由於對字形辨析及詞彙量不足因素造成新移民女性子女閱讀解碼的困難。用發生學方法以探討符號辨識的歷程說明分散識字的意義及用法；用符號學方法有系統的整理出以字為核心，分別用漢字的形、音、義切入，將相似部分進行歸類，以發現漢字放在一起的規律性；藉分散識字、集中識字理論建構生字詞彙補救教學方案，以此補救新移民女性子女詞彙量不足造成的閱讀解碼的困難。
第六章	1. 聽說演故事教學。 2. 聆聽說話補救教學方案。	解決因早期缺乏語言刺激造成新移民女性子女「聽不懂」「說不清」的問題。以發生學方法探討聆聽、說話理解要素及發展歷程，並說明二者之間的關係於教學上的運用，並以此理論建構聽說演連結的聆聽說話補救教學方案。
第七章	1. 環境式寫作教學。 2. 個別化式寫作教學。	寫作能力是集所有國語文能力於一身，最高境界的表現，對新移民女性子女來

	3.寫作補救教學方案。	說能寫出合乎語法的句子來已非易事，遑論結構完整的文章。本章以現象主義方法探討環境式及個別化式寫作教學的內涵、教學的缺失、及指導原則並於教學上的運用。以此理論建構寫作補救教學方案。

（二）實務印證

表 3-2-2　實務驗證研究對象

研究章節	研究對象	說明
第八章	苗栗縣某偏遠國小六年級國語文學習成就明顯落後的新移民女性子女共 3 位。	實務印證部分以我任教的班級中，國語文學習能力落後的 3 位新移民女性子女為研究對象。採個案研究法，於原班級與其他 9 位同儕共同進行補救教學方案的實施。其篩選標準為：（一）為新移民女性子女；（二）2008 年苗栗縣政府教育局舉辦的學業成就評量成績（國語文領域）在全班後面25%（含）者，且目前在國語文讀寫能力表現仍明顯持續低落者；（三）國語文課堂表現難以用完整句子回答問題或表達自己的想法者；（四）平常作文習作中，無法以基本的文章結構寫出一篇作文者。本對象的篩選排除可能是智力因素所造成的學業成就低落情形。根據上述篩選標準，共選出 3 名學生（二女一男）作為本研究的補救教學對象，並徵得父母同意其參與為期 12 週的研究。

（三）研究檢證對象簡介

1. 宏宏（化名），男，健康好動、智力正常，喜愛動態活動，體育活動表現亮眼，為校爭光，但是對於其他學科的學習意願卻很低，學業成績維持班上最後。

　　母親國籍印尼，經由仲介介紹和父親認識，嫁來臺灣時 18 歲，夫妻年齡相差 11 歲；不會說國語用客語和孩子溝通，在一次

火災中顏面燒傷，不曾到過學校，很少與人來往。父親因飲酒過量已過世，母親因家庭糾紛在宏宏上六年級的暑假離家出走，偶而回來看孩子。從小母親不能參與孩子的教養，由祖母一手調教，但祖母採溺愛態度，對宏宏偏差行為，不做功課的態度速手無策。家中成員複雜，除了妹妹、祖父母外，還有叔叔、嬸嬸、堂弟、姑姑、表姊（姑姑離婚回娘家住）。

2. 綺綺（化名）女，健康、智力正常，反應較慢，少話，常用點頭搖頭回答，學習落後，長期以來都是班上倒數第二。

　　父親國中畢業，母親在印尼唸到國小 4 年級。不太會說國語，用客語和孩子溝通，為了申請身分證識字班一年多，還是看不懂國字。經由仲介紹和父親認識，嫁來臺灣時 17 歲，當時父親 25 歲，夫妻年齡相差 8 歲。夫妻種高接梨維生，是中低社經地位。據媽媽表示，爸爸坐不住，整天往外跑，找朋友喝茶聊天，偶而在家也是朋友來泡茶，很少參與孩子教養問題，媽媽不會教，遇到問題只能隨他，不知道怎麼辦。

　　家中成員除了夫妻孩子以外，還有婆婆、妯娌婆婆與大哥小兒子同住，婆媳關係惡劣，很少來往。住在包裝寮改建的鐵皮屋內，樓上一個大通舖，全家人睡一起，沒有書桌，三姊妹在茶几旁寫功課，常常三姊妹一面看電視或吵架一面寫功課，有沒有寫功課媽媽也不清楚。因為媽媽本身個性較安靜，小時候很少和孩子互動，綺綺不但遺傳媽媽的個性，而且反應較慢，習慣用點頭或搖頭回答問題。

3. 銳銳（化名）女，健康、智力正常，語言表達流暢，發展正常，但學習落後。父親國中畢業，母親在印尼唸到國小畢業。母親由親戚介紹和父親認識，嫁來臺灣時 17 歲，當時父親 31 歲，夫妻年齡相差 14 歲。母親剛嫁來時不會說國語，用客語和孩子溝通，待孩子慢慢長大母親國語能力也漸漸增強，現在幾乎都用國語交談。為了想要看得懂中國字所以上識字班，現在能唸中文字但是不太懂意思。夫妻對孩子的教養態度不一，常因教孩子的觀念不

同而吵架。根據媽媽表示，帶孩子是她的事，孩子不聽話時才交給爸爸，平常爸爸不太管。

夫妻種高接梨維生。家中成員除了夫妻孩子以外還有婆婆、妯娌。婆婆與大哥同住，因觀念及個性不合很少來往。家位處偏僻的山間，道路狹窄，幾乎無法會車，獨家獨院的鐵皮屋，沒有鄰居。兩位弟弟一個有智能上的障礙，一個有情緒上的障礙，情緒起伏很大，無法在平靜安穩的環境下學習。父母不重視閱讀習慣的培養，但是銳銳在語文學習的敏感度還可以，所以只要加以補救，必定有所成效。與同儕互動的技巧不良，受同學排擠。銳銳本身在智能及健康上，都是正常而且算是反應機伶的孩子，但是因為處於社經地位低、在父親不認為教養孩子是他的責任，母親又因語文能力、教養觀念技巧不足，及無處尋求支援的管道下，造成孩子學習上的弱勢，成就偏低。

綜合以上焦點學生家庭訪談資料，列表說明影響新移民女性子女學習不利的因素如下：

表 3-2-3　焦點學生家庭基本資料表

訪談項目	結果說明		
	宏宏	綺綺	銳銳
身心狀況	智力正常，健忘、愛捉弄別人。	反應稍慢，不愛說話。	智力正常，極度慢吞吞的個性。
母親結婚年齡	18 結婚。	17 歲結婚。	17 歲結婚。
父母年齡差距	相差 11 歲。	相差 8 歲。	相差 14 歲。
教育程度	父：國中。 母：沒唸書。	父：國中。 母：國小 4 年級。	父：國中。 母：國小。
母親國語能力	不識國字，說少許國語	不識國字，說少許國語	會唸常用國字，但不懂意思，會說國語
職業	果農。	果農。	果農。

教養觀念和態度	夫妻不參與。 祖母溺愛。	母親不會教。 父親放任不管。	母親不會教。 父親放任不管。
母親與社區互動	幾乎沒有。	很少。	相對來說較多。
家庭環境不利因素	家庭成員複雜，父母不在身邊。	住整理過的包裝寮內，沒有書桌和房間。	與低智能的弟弟一起做功課干擾大。
學校不利因素	缺乏學習動機，與專注力，干擾別人。	不愛說話，缺乏溝通技巧。	不參與班級合作，人際關係差。

　　從三位焦點學生的基本資料來看，他們都不是智能遲緩的兒童，而是因為父母及家庭不利因素導致學校適應不良，形成學習的落後。母親都是 17、18 歲就離鄉背井透過仲介嫁來臺灣，年紀輕輕就需要面對文化不同、觀念不同、習慣不同、語言不同的家庭，還要在父親都認為教養孩子是女人的事的觀念下擔負教養子女的重任。因為語言文字的隔閡，無從吸收教養觀念，不懂得怎樣教孩子，與社區互動少無處尋求支援。孩子就在這樣缺乏管教與約束的情形下，慢慢養成許多不良習慣，致使課業嚴重落後，毫無學習動機。

　　不是智能遲緩的孩子，說明了可教可補救的事實，要改變家長的教養觀念難如登天，要改善家庭經濟為孩子買書更是不可能，唯有學校啟動補救的機制，為這些新移民女性子女打造補救教學方案，才能找回他們的學習動機，培養閱讀的習慣和興趣，進而提升語文能力，帶動其他學科的成就。

第三節　研究工具

　　研究將採用社會學方法、發生學方法、符號學方法、現象主義方法等理論來建構國語文的補救教學方案；同時輔以個案研究法實務驗證三位焦點學生進行補救教學後的成效，據此回答研究問題修正教學方案。

一、理論建構的研究工具

（一）社會學方法

　　社會學方法，是指研究語文現象或以語文形式存在的事物所內蘊的社會背景的方法。解析此內蘊的社會背景，大體上包含兩個層面：一個是解析語文現象或以語文形式存在的事物如何被社會現象促成；一個是解析語文現象或以語文形式存在的事物又是如何反應了社會現象。二者都可以稱為「文本社會學」；差別只在於前者需要用到觀察和調查等輔助性的手段，而後者只需解析即可。（周慶華，2004：87-89）在本研究第二章用社會學方法回顧文獻探究新移民及其子女在臺現況，引發子女學校生活適應及語文學習問題，揭露臺灣現階段存在的社會現狀來進行研究；此外，兼及第四章中對閱讀教學互動模式的探討。

（二）發生學方法

　　發生學方法是一個有效「追本溯源」的方法，透過分析語文現象或以語文形式存在的事物的發生及其發展過程，來認識這個語文現象或語文形式存在的事物的規律性。（周慶華，2004：50-54）本研究第三、四、五、六章將以此方法探究閱讀能力、識字能力及聆聽說話能力的發展歷程，以此建構補救教學方案。

（三）符號學方法

　　符號學方法，是研究符號的方法。符號包括一般符號及語言符號；所有的溝通活動都是以符號為媒介，而所要研究的就是該符號的本質及其發展變化規律，還有該符號的意義及符號和人類多種活動之間的關係。（周慶華，2004：61）

　　本研究第五章運用符號學方法有系統的整理出以字為核心，分別用漢字的形、音、義切入，將相似部分進行歸類，以發現漢字放在一起的

規律性。藉分散識字、集中識字理論建構生字詞彙補救教學方案，以此補救新移民女性子女詞彙量不足造成的閱讀解碼的困難。

（四）現象主義方法

先前有現象學方法，是解析語文現象或以語文形式存在的事物所內蘊的意識作用的方法，現象學方法所要施力的意識作用，就成了所謂的「現象」的意涵。這種現象觀為現象學方法所專屬，而不跟一般所見的現象觀混同。一般所見的現象觀約有兩種情況：一種是觀念論的現象觀，它指的是依感覺所呈現的形式（不論本質）而為我們認知的對象；這跟只能間接認知（推理）的本體相對立；一種是現象主義的現象觀，它指的是「凡是一切出現者，一切顯示於意識者，無論它的方式如何」。（周慶華，2004：94-95）第七章寫作教學將以現象主義方法，以感官感知環境現象解析創作語文，對寫作教學的內涵、目前指導國小寫作教學的缺失、及指導原則和於教學上的運用等作深度的解析。

二、實務印證的研究工具

第八章「相關補救教學的實施經驗」是一種實證探索的歷程，我將利用實證探索中個案研究的方法，配合參與者訪談、觀察、紙筆測驗、作品分析來進行研究。

個案研究法是用來探討個案在特定情境脈絡下的活動性質，以了解它的獨特性及複雜性；就是對單一個體、一個場域、文件資料儲存庫、或某一個特定事件鉅細靡遺的檢視。（林佩璇，2004：124）它原為醫生用以了解病人病情的一種方法，後來被心理學家、社會工作者、輔導員、教師和學校行政人員採用。在心理與教育方面，因日益重視個別化的教學和問題學生的行為矯治，個案研究於是成為學校教育中的一種基本研究方法。（郭生玉，2002：20-21）

個案研究法注重個體的研究，在自然的情境下，以多元方法蒐集個案資料，對個案進行深入的研究，包括使用調查、觀察、文件分析和訪

談等方法，並與個案師長、朋友或親人晤談等，能夠蒐集的資料不但廣泛而且詳盡。

本研究兼透過個案研究的歷程，深入、詳實的探究國小六年級新移民女性子女國語文閱讀、識字寫字、聆聽說話、寫作的學習困難成因，並針對學童學習問題設計適切的教學方案進行補救教學，以促進新移民女性子女有效的學習，同時改善國語文教學品質。深入研究場域，以觀察、個別訪談、學童文件作品⋯⋯等管道蒐集資料。

第四節　研究場域

一、研究場域

苗栗縣大湖鄉臺三線旁的鄉間小校，屬於偏遠文化不利地區，校舍僅兩棟兩層樓建築，前棟為行政處室、專科教室及各班級教室，後棟為視聽教室、餐廳及教職員工宿舍；此外，校園大部分有摘種各式花木的花圃及操場，學生人數不多，所以絲毫沒有壓迫感，沒有吵雜的聲音，學校環境清幽。社區多為純樸的果農，娶新移民女性者為數眾多，新移民子女在本校占相當比例（如下表）。為因應社區需求，陸續成立「成人教育班」、「外籍配偶生活適應班」、「外籍配偶語言學習班」、「外籍配偶親子共讀班」、「外籍配偶子女輔導班」，今年更經教育部核准通過成立「新移民中心」，為全縣兩個「新移民中心」之一，積極投入輔導新移民女性生活適應、社會參與、衛生保健等相關活動。校長對本研究持樂觀其成的態度，並願意全力配合；全校教職員在校長的領導之下也積極參與新移民女性及其子女的輔導工作，在這樣自然的情境下，我也就順理成章的投入了「新移民女性子女國語文補救教學」的研究。

表 3-4-1 苗栗某偏遠國小各年級新移民女性子女學童人數分布表

年級	總人數	新移民子女人數	百分比
一年級	12	6	50%
二年級	12	5	30%
三年級	6	2	33%
四年級	10	5	40%
五年級	11	3	27%
六年級	12	5	42%
全校	63	26	41%

　　本研究選取六年級為研究對象，乃因：（一）六年級學童學習成就落差很大，成績高低分散兩個極端，造成教師教學上的困難。（二）六年級新移民女性子女有 5 位，低成就者占 3 位，在班上成績明顯落後。（三）我擔任六年級國語領域課程的教學，方便研究。基於以上三大理由，於是選擇了六年級為我的研究場域。

　　六年級的教室雖然不大，但因僅容納 12 位學生，看起來還算寬敞，可運用的空間相對較多，教室左前方擺放電視櫃、收錄音機，左方擺放電腦及設置閱讀學習角，教師座位位於右前方，前門入口處，右方為教具櫃，後方是學生置物櫃。學生以每組 4 人，分成 3 組，3 位新移民女性子女分散於各組。以下以簡圖方式呈現教室空間配置：

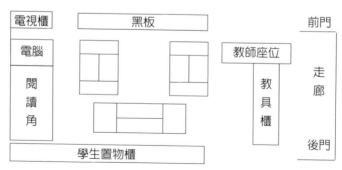

圖 3-4-2 教室平面圖

二、研究參與者

我在研究過程中進行資料分析蒐集時，本身經驗、想像力、情感與智慧、敏感度、與專業能力都將影響工具的效度。(吳芝儀、李奉儒，1995；黃瑞琴，2003)

由於本研究乃是針對教育現場的問題，透過方案的開發和補救教學而作詳實、深入的分析，並將研究的結果回歸到教育實踐的問題，因此我同時扮演多重角色，包括方案的發展者、補救教學的教學者、觀察者、學習者及省思者。茲分述如下：

1. 方案發展者：我將以國語文（六上）康軒教科書為主軸，自編教材，所以我本身即為教學方案的發展者。
2. 補救教學教學者：為了解決教學現場所發生的問題，而發展補救教學。
3. 參與觀察者：過程中，一面教學，一面觀察學童學習情形。
4. 學習反思者：運用教學方案進行補救教學時，由學童回饋、反應調整教材與教法。

第五節　研究實施流程

為新移民女性子女量身打造的國語文補救教學，依照學習者所處實際情境脈絡來設計與實施。整個研究工作說明如下：

一、準備階段

我於 2007 年 5 月，經校長提及本校新移民女性子女人數增多，學習狀況層出不窮，尤其是國語文對大部分孩子來說為較容易學科，但卻是他們的弱勢科目，如何幫助他們，已成為學校亟於面對的問題，這引發我探究尋求解決此問題的興趣，於是開始閱讀新移民女性的相關文獻，

以了解新移民女性在臺灣的生活現況，及其子女在學生活與學習的困境，企圖從文獻中理出解決問題的脈絡。

2007 年 7 月與指導教授及所服務的學校校長討論後，確立了研究主題「新移民女性子女國語文補救教學」。經獲得共識，試圖自行設計國語文補救教學方案來進行補救教學，解決此一問題。方案著手設計前先決定研究對象，新移民女性子女是已確立的目標，採年段？年級？或全校？指導教授認為：補救教學應該在原班級教學時就開始實施，如有落後現象再抽離原班針對落後的地方實施補強。為了研究方便，於是選定我所任課的班級——六年級為實務印證對象。

二、實施階段

我於 2008 年 9 月至 12 月間實施為期 16 週的國語文補救教學，分「閱讀」、「生字詞彙」、「聆聽說話」、「寫作」四個方案進行。每個方案都涵蓋閱讀、聆聽說話、生字詞彙與寫作等教學成分，只在「閱讀教學」單元時以閱讀為中心，統整其他語文教學，「聆聽說話教學」以聆聽說話為主，聯絡其他語文教學，比照這樣的模式實施其他教學方案。在補救教學實施的同時，同步進行資料的搜集、分析與整理。

三、評析階段

在逐一個單元教學後對全班進行後測，針對選定的 3 位個案試卷進行分析，對於困難之處，再調整方案進行補救，於 2008 年 12 月將所有相關資料綜合整理與分析，並撰寫研究報告。

本研究的流程共分三個階段：準備階段、實施階段和評析階段。研究流程如圖示：

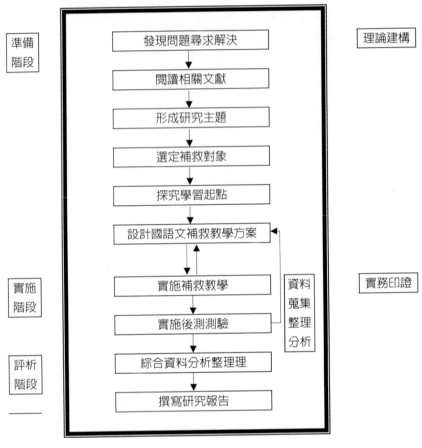

圖 3-5-1　研究流程圖

第六節　資料蒐集與分析檢核

本研究為收理論與實務相互印證的效果，在個案研究中兼採質性研究方法來蒐集及分析資料。質性研究注重的是對背景脈絡的了解，以我本身為主要的研究工具，走進現場蒐集資料。所以這麼注重背景脈絡，乃因質性我相信人類的眾多行為與所處的環境息息相關，所以如能進入

現場，勢必對於研究情境的背景脈絡能有詳實的了解。質性研究的資料呈現以敘述的方式來表現研究參與者所處現場的經驗。因敘述性文字的呈現更能深入顯示人與環境互動的情形。（胡幼慧，1996：27-46）基於以上的概念，質性研究重視我對背景脈絡的了解，對於新移民女性子女的國語文補救教學，深感如以封閉式量化問卷填答，恐無法完整呈現教學與學習的狀況，因為複雜的情境脈絡中，許多教學與學習的歷程無法於問卷中顯現出來，所以本研究兼採質性研究，選擇以最貼近情境的方式呈現。

在研究的過程中，資料的蒐集與分析檢核同時交互持續進行，以防止資料堆積，造成力不從心，或可隨時確定資料無誤。基於多元的觀點，採用多種方式來蒐集資料，說明如下：

一、資料蒐集

資料蒐集來源包括觀察、學童文件資料（學習單、回饋問卷、前後測試卷）及我反思札記。茲分述如下：

（一）參與觀察

1. 研究者：在研究的情境中，我扮演了參與者和觀察者的角色，一方面是補救教學的教學者，同時在另一方面也在觀察學童，蒐集有關學童的反應及學習情形。
2. 全班學童：活動進行中參與觀察同儕的表現。
3. 協助觀察者：六年級科任教師，觀察學童特殊表現、反應、對話作成紀錄。

（二）學童資料

1. 回饋問卷：實施補救教學前後，填寫回饋問卷，以了解學童學習前後想法。
2. 補救教學前後評量卷：包括每個單元教學前後評量。

3. 聆聽說話：聆聽筆記、口述內容分析檢核，以了解實施成效。

4. 作文：字句段落統計、作文內容分析、學習興趣與態度觀察。

（三）個別訪談

1. 焦點學生訪談資料：每單元教學結束後，訪談學童的學習觀感及成效，藉以檢視相關的教學策略是否須要再作調整。

2. 家長訪談：經由訪談焦點學生家長，了解學生補救教學課程實施期間的特殊改變。

在訪談上，與家長的訪談將採非正式的會談訪談，在雙方閒聊與互動的過程中，讓問題自然顯現。與學生的訪談採半結構性訪談，訪談者提供一組提綱挈領的問題，引發訪談情緒，使其在有限時間內自由的探索、調查與訪談。

（四）研究者反思札記

研究日誌是教師進行研究時最常使用的方法，也是促進教學進展的重要媒介。（吳美枝、何禮恩譯，2002：13-14）教師以書面或日誌方式，記錄教學事件，可提供教師對教學的反省，長期紀錄可提供教師有關教學進展與改變的證據。（張賴妙理，1998）所以我在研究過程中，對不同事件中的主題、環境、自己的心得，除了可以供我反思本身的教學與研究，也可以作為資料參考分析檢核的來源。

二、資料分析的步驟

資料的分析是有系統的搜尋和組織研究中所蒐集的過程，以增進我對資料的理解和發現。（徐宗國譯，1997）研究資料分析的步驟是將教學現場中與研究相關的資料，先作轉譯、閱讀、再進行資料編碼、不斷地反思與校正，再尋求變通性的解釋，最後撰寫研究報告。（徐宗國譯，1997）說明如下：

（一）資料轉譯

　　我將研究過程中所蒐集到的資料逐一轉譯成文字資料。包括：錄音資料、學童的回饋單、評量測驗卷以及我的反思札記。

（二）資料閱讀

　　我將轉譯的文字資料詳細閱讀後，追蹤資料中所呈現的事件。事件中顯現的訊息，學到什麼？學習困難點？課堂中做了什麼？口語如何表達？

（三）資料編碼

　　面對眾多的資料，給予資料編號將有利於整理與辨識。將資料依照主題，作分類、歸納與解釋分析出研究的發現與結果。

（四）反思與校正

　　我對於分析的資料抱持開放的態度，對資料解釋採客觀的看法，避免個人主觀偏見，將會使資料更有效用。

（五）研究報告的撰寫

　　我將有關國語文補救教學方案的觀察、學童文件資料、我反思札記等原始資料，歸納所得的研究發現與結果，加以整理、綜合，撰寫研究報告。

三、信實檢核

　　在施測過程中如有新發現，或新的變數產生，將作適度的調整，以提高驗證結果的信實度。此外，為落實研究的信實度，本研究將採三角檢測及我參與檢核。每次補救教學課程中，我及全班學生擔任觀察員；科任老師為協助觀察員，每次實施後隨機抽取其中 1 位焦點學生進行訪談。並和協助觀察員共同分享和討論觀察的紀錄和發現。且於課程實施

期間對每位焦點學生家長進行訪談。將訪談、觀察及施測所得資料歸納
整理後，如果有發現特殊現象，將進一步作深度訪談，以確實了解學生
的學習成效。

第四章　閱讀補救教學

在山之巔，在海之涯，身處偏遠地區的孩子，因為希望閱讀，有機會看到一個新世界，激發出生命的夢想。（許芳菊·羅儀修，2007：201）

第一節　概說

一、培養兒童閱讀能力的重要性

你知道嗎？孩子數學不好，可能不是不了解數學概念，而是因為看不懂數學題目？閱讀能力是所有學習能力的基礎，倘若想要學好國語、英文、數學、社會、自然之前必先「學會閱讀」，閱讀是學習不可或缺的重要途徑，也是知識獲得的主要來源。（詹文宏，2000）對學生而言，學校的課程幾乎都是依賴閱讀來學習。因此，閱讀是一項非常重要的技能。許多父母擔心孩子不愛讀書，學校老師發現學生厭惡學習，家長花費大量的金錢送孩子上補習班，導致孩子在學校學習不專心，成績也不見明顯提高。閱讀能力出現問題，使得學生學習更加痛苦，為了提高成績只好去補習；為了舒緩壓力，孩子用大量時間來看電視、玩遊戲、看漫畫、聽流行歌曲，懶得動腦筋，更加討厭學習，形成惡性循環。

閱讀是搜集與儲存資訊的方法，從小養成閱讀習慣有助於日後的學習，更深深影響一生的學習。（郭麗玲，1994）閱讀是一切學習的基礎，透過閱讀不但可以吸取前人的經驗和知識，也能增進理解能力、表達能

力與思考能力。閱讀還能提升學習興趣，更有助於人格形成與發展。（曾志朗，2000）根據馬太效應「富者愈富，貧者愈貧」，書讀得多，知識越豐富，閱讀能力更提升，因此又可以讀更多有深度的書，得到更多知識，提升更多能力……如此循環，就是閱讀歷程中的「富者愈富」；而不讀書的人，因為閱讀能力不佳，無法透過知識取得學習能力，因此學習效果不彰，變成一種惡性循環。（蔡淑媖，2007：7）

二、影響新移民女性子女閱讀能力發展的原因

柯華威（2006：27－35）指出閱讀能力首要建立在語言能力上，好的母語能力有利於閱讀發展，詞彙多的孩子閱讀成效較好；孩子需要在已有的口語經驗上，學習閱讀能力，透過不斷的自我練習及與人的互動中精進語文能力，並透過思考、記憶來規範自己的行為。環境也是影響語言發展的原因，母親發音的清晰度，影響嬰兒辨音，父母說話的方式影響幼兒語言的發展；學習閱讀需要以母語為基礎，閱讀發展需要環境中有豐富的閱讀活動與社會互動，環境裡詞彙的多寡影響幼兒詞彙發展，進而影響閱讀能力發展。

新移民女性子女由於所處家庭多為父母社經地位、教育程度低，整天忙碌於基本生活的需求，對孩子的學習發展缺乏基本的認知。另又由於大部分母親嫁來臺灣的第一年就懷孕，對於臺灣的文化、語言、文字認識未清，孩子於語言的敏感時期，母親因擔心不正確的口音影響孩子的發音，母國說話構句的方式與國語有別，在夫家的禁止下，儘量避免與孩子的互動，更遑論為孩子說故事，一起閱讀討論，造成孩子缺乏充分的語言刺激，詞彙的貧乏、表達出現困難，閱讀解碼發生問題。上學後，聽不懂老師的指示，又缺乏學校語言的認知與社會互動的技巧，造成學校生活適應的困難，在得不到父母的支援下，如果老師也未能及時針對這些弱勢學生進行補救，培養他們的閱讀習慣，運用閱讀策略以提升閱讀成效的話，日積月累，將導致落後的程度加劇。

三、閱讀理解的歷程

閱讀的目的在獲得對文章內容的理解，而閱讀理解指的是閱讀者與文章內容產生交互作用後而獲得的知識過程。閱讀包含識字與閱讀理解兩個主要成分，識字是閱讀的基礎，而理解是閱讀最終的目的，知識的取得需要靠閱讀來積累，因此，有足夠的識字量才有能力讀懂一本書。張莉珍（2004）、柯華威（2006：67）認為：閱讀是一段歷程，而認字、理解、自我監控是閱讀歷程中的三個重要成分。學生能將文章中的字一個一個讀出來，並不表示他就能理解這篇文章的意思。它需要有組字成詞的能力，要了解文章需要具備與文章相關的背景知識。不論認字與理解，都需要一些知識才能進行。

Goodman 認為閱讀是理解書寫文章的過程，是一種心理語言的猜謎遊戲，讀者在閱讀理解的過程中扮演積極的角色。閱讀無論歷程多複雜，它是可被了解的。（洪月女譯，1998）Carver 分析閱讀的歷程提出四個層次的閱讀心理運作（林清山譯，1990）：

(一) 將字解碼，並決定字在句子中的特殊意義。

(二) 將個別字義組合起來，以了解句子。

(三) 了解段落中隱含的主旨、以及原因、結果、假設、證明、含義，未明白說出的結論，甚至與主旨有關但暫時離題的觀念。

(四) 評論各種觀點，包括邏輯、證明、真實性與價值判斷問題。

這四個層次代表閱讀的四個基本技巧，閱讀者經由練習達到自動化的程度，包含了解碼、字義觸接和語句整合，這個過程涉及先備知識、文章結構、推理策略及閱讀理解監控等重點。幼稚園至小學三年級學生應該學習文字解碼的自動訓練，因為這是有效閱讀必要的先備條件，教師可透過「重複閱讀」以促進閱讀流暢性，或訓練兒童將「視覺注意力集中於文字」，「適時停頓」進行推論字彙意義，以加強字彙辨識能力。四年級以後閱讀重點應放在主動進行文章意義的追尋，運用自己的先備知識來引導閱讀，先備知識可以幫助閱讀者對於抽象概念及新事物的學習理解和記憶，以此獲取新知識。

　　一般而言，學生倘若在四年級還未掌握閱讀能力，包括識字還不能自動化、沒有猜字策略或說不出所讀全文大意，一定要進行補救教學，否則四年級以後有能力的學生開始大量閱讀（表 4-1-1），不會閱讀的學生將明顯落後。（柯華威，2006：79）

表 4-1-1　各年齡閱讀能力表現

閱讀表現	四歲	1.字彙不多。 2.喜歡重覆讀。 3.可以預測故事結局。
	五歲	1.字彙增加。 2.在協助下可以自己讀，並可相當完整的複述故事。
	一年級	1.認真學識字與數字計算。
	二年級	1.記憶許多讀過的知識。 2.遇不會的字會開始猜字。
	三年級	1.熟悉字，達自動化認字的地步。 2 遇不認識的字，以上下文來猜字義。
	四年級	1.開始透過閱讀學習。 2.能以閱讀進行有主題的作業。
	五年級	1.一本接著一本的大量閱讀。

資料來源：柯華威（2006：80）

　　焦點研究對象為六年級三位新移民女性子女，這三位學童都還未能掌握閱讀能力，包括識字還不能自動化、沒有猜字策略、更說不出所讀全文大意，六年級才進行閱讀補救似嫌太晚；但是閱讀能力深深地影響其他學科學習，致使他科學習成績遠遠落後班上同儕，倘若不補救，不但成為教室的「客人」，甚至影響他的人格發展。

四、新移民女性子女在閱讀發展過程中的問題分析

　　臺北市國語實驗國民小學教師張芝萱（2002）的研究指出兒童閱讀興趣發展過程中可能預見的瓶頸如下：

（一）對閱讀沒興趣

有空就看電視、打電動，即使在書桌前也坐不住。這多半跟從小沒有養成閱讀習慣有關。父母如果能提早為孩子說故事，布置閱讀環境，跟孩子一起閱讀與討論，就能培養閱讀的習慣。

（二）只喜歡看漫畫、連環畫，對單純文字讀本卻興趣缺缺

家長或老師可透過提供圖畫書以擴大接觸面，慢慢增加閱讀文字的比例。以適當的導讀及討論來深化兒童閱讀思考的基礎。

（三）通篇讀完不知所云

一篇文章如果與閱讀者的先備經驗差異過大，即使讀者將文字一個個唸出來，至於內容在說什麼，讀者將注意力花在字音辨識上，字詞與語法反而無法連結，甚至文章脈絡也無暇顧及。幫助閱讀者將字音轉為自動化，把注意力運用在意義建構、語法組合，真正的閱讀歷程才能正常運作。

（四）視知覺空間感衍生閱讀障礙問題

閱讀時出現跳讀或順序錯誤的現象，無法保持文字的順序，出現顛倒的文字。

以張芝萱（2002）的研究發現來檢視三位新移民女性子女，找出他們在閱讀時發生的問題，並於下陳述說明：

（一）S1 宏宏（男，化名）

識字、組詞能力差，常出現錯字、別字及不會寫的字，朗讀課文時，將文字一個字一個字唸出，而不是一句句讀出來，呈現朗讀不流暢現象；也常因為不認識的字而停頓，文字解碼無法自動化，閱讀理解發生問題；閱讀時出現漏字、顛倒字現象，顯示視知覺空間感的問題。

(二) S2 綺綺 (女,化名)

在家大部分時間看電視,甚至作業無法按時完成,當然毫無閱讀習慣可言。朗讀速度緩慢,字音轉化困難,無法建構文章意義,以致閱讀理解發生問題,也常有唸錯字、顛倒字、漏字的問題,顯示解碼自動化及視知覺空間感欠佳。

(三) S3 銳銳 (女,化名)

活潑好動,上課不專心,屬於聰明但懶惰型的孩子,從來不寫作業,自然沒有閱讀習慣。寫錯字唸錯字的情況很少發生,表示閱讀解碼能自動化,但朗讀時顛倒字、漏字的情況非常嚴重,視知覺空間感有嚴重的問題。

綜合以上資料顯示,輔助研究的三位新移民女性子女,幾乎都是因為家庭教養採放任態度,並未能適時提供充足閱讀環境,以致缺乏閱讀習慣的養成。又因閱讀量少及母親的構音問題影響的結果,導致字詞彙量嚴重不足,致使閱讀時文字解碼無法自動化,影響句法組合、文章意義建構的能力。再則,因為閱讀時都有出現跳讀或順序錯誤的現象,無法保持文字的順序而出現顛倒的文字,這些現象都是嚴重影響閱讀能力發展的重要原因。

因此,本研究擬利用小組討論法、探究法、創造性思考法來設計有效閱讀教學方案,以解決新移民女性子女的閱讀問題。希望提供更多元活潑的補救教學方案來提升新移民女性子女與同儕合作學習的機會,激發他們的學習動機,並在同儕引領下學會與人溝通、協調、合作,真正體會到追求知識的歷程,進而喜愛閱讀,學習閱讀策略,在正式的課程中就能達到補救的效果,增強學習能力,以提升學業成就。以下分節陳述此三種閱讀教學法的意涵、功能、及活動中師生扮演的角色及可供參考的活動類型等。

第二節　討論式閱讀教學

> 我把公民館的書全部讀過了，這個村子已經沒有可以讀的書了。
> 我這麼說時，母親把我帶回那裡去，從書架上拿起一冊又一冊的
> 書，問我說：這本書上寫什麼？看我沒辦法好好回答。「你是為
> 了忘記而讀書的嗎？」她這樣說。（大江健三郎語，引自柯華葳，
> 2006：136）

現今教學現場中，教師於國語文教學中很少進行閱讀理解的指導，或是有心想進行閱讀教學卻發現時間、資源或技巧的不足，難以提供學生學習的機會，這都有待改善。其次，因為班級是由各種不同背景的學生所組成，在面對學生不同的差異與需求時，教師更需具備充分的教學知識與技能，教導學生語文學習策略以提升閱讀理解能力。當中討論式閱讀教學，是可以多多採用的教學策略。

一、討論式閱讀教學的意涵

討論不是講述、不是問答、不是發表，是透過語言的互動把自己的想法呈現出來的方式之一，是雙方思考的交換，也是孩子學習思考的機會。想法本是自己的、是私密的，因為要對方知道自己立場，透過對話，把思想外顯。小孩喜歡問問題，以問題引導討論，透過一問一答、補充、爭辯等可以幫助孩子習得思考的形式，增加知識。（柯華葳，2006：141）在學習閱讀的歷程中，透過自己的閱讀、傾聽他人以及與他人討論等不同步驟來使自己的閱讀經驗更豐富與成熟。（楊式美，1999）閱讀討論教學的目的就是引發學生思考，對閱讀內容作深度反應。

要孩子能從閱讀中獲益，討論必然不可或缺，學生須具備基本閱讀和討論能力，因閱讀只是單方面吸收，或被灌輸，而透過討論則能激發參與者的思考和批判能力。（林振春，2001）討論式閱讀教學包括小組

59

討論與全班討論。小組討論包含「小組」和「討論」兩個意涵，小組是小組討論的形式條件；而討論是小組討論的實質內容，因此倘若只有形式的小組，而沒有實質的討論就稱不上小組討論。（吳英長，1988）Millar 提出幾個小組討論的特徵：

(一) 人數：三至十五人之間，成員須彼此認識。

(二) 目標取向：小組成員間具有共同的目標。

(三) 具歸屬感：小組成員對小組有歸屬感，彼此有認同感。

(四) 相互依賴：小組成員有共同命運，一人被外在事件影響，組員也受影響。

(五) 面對面口語交談是最主要的溝通方式。

全班討論表示有更多同儕意見的分享，從中了解他人不同的想法，學會尊重與包容他人不一樣的看法，也促使學生能從各種角度去思考問題，並提供多種解決問題的方法。（引自范長華，1992）

二、討論式閱讀教學的功能

討論式閱讀教學受到肯定，尤其是透過讀書會形式運作，成員閱讀共同教材，分享心得與討論觀點，以吸收新的知識，激發新的思考，將閱讀與討論合而為一，閱讀引發討論，討論促進閱讀，能有效幫助學生學習。茲將討論式閱讀教學的功能分述如下（黃永結，1989；黃幸美，1997）：

（一）認知

閱讀教材後，提出問題，以引起討論，藉由討論可促使學生熟悉教材，並在交互思考活動下，提高共同的問題意識，增進學習活動的實際效果。在討論活動中，組織擴散性思考問題，找出問題解決的好策略，透過討論與質疑的歷程發展學生批判思考的能力。團體討論讓大家相互指導、互相學習，不斷在認知上產生衝突、調適與平衡的歷程，使兒童心智發展更成熟。

（二）情意

經由討論使學生反省並澄清自己的態度，藉此改變學生的學習態度。在討論活動中，學生學習容忍、接納與尊重彼此的想法、觀念，建立良好和諧的關係。使成員對所屬團體有歸屬感，以獲得安全感與滿足感，力求自我表現。

（三）技能

討論需要技巧，而這些技巧需要透過學習而獲得，只有從實際的參與中才能發展實用技巧。參與討論活動，正可以學習有關的社會技能，協助學生發展社交技能。

三、討論式閱讀教學中師生的角色

> 老師說：「他的答案對不對？我們來討論討論。」學生心裡知道：「答錯了。」
> 教室中，老師說：「現在小組討論一下，等一下小組長把答案寫在黑板上。」很多時候學生馬上就拿起筆在各小組的小白板上寫下答案。（柯華葳，2006：142）

這些孩子領悟到，成人以討論來搪塞，其實成人的要求與答案顯而易見。在過去的經驗裡，孩子雖然投入時間與精神參與討論，但在決議中未納入他的考量，孩子未感受到意見被尊重，這樣的討論空有討論的形式，而非真正的討論。在閱讀討論中教師與學生各自扮演了重要的角色，分述如下：

（一）教師的角色

1. 引導者：討論式閱讀教學是學生自由交換想法與經驗的時間，教師是位引導者，應放下權威，營造良好的的閱讀討論氣氛，鼓勵

學生勇於發表自己的意見，並尊重彼此的想法。教師應該與孩子建立親密關係，無權威的學習環境，無批判的學習氣氛，才能讓學生安心的參與發表活動。（范長華，1992）

2. 協助者：過程中教師靈活運用一些鷹架，協助學生自主參與閱讀，培養學生閱讀技巧與信心的建立。

3. 應變者：仔細聆聽，適時回應，整個討論活動進行中，教師須全程注意各種狀況，作適宜的調整。（林瑞益，1994）更重要的是，教師要能引起學生動機，用心思考問題。（呂正雄，1992）

（二）學生的角色

1. 分享者：閱讀討論中，學生將自己的想法以言語陳述，以藉此省察自己的想法，而教師也可以自學生所抒發的情感，去了解每一位學生與文本在互動歷程中所建構出的不同的意義。（楊式美，2000）

2. 協助者：在閱讀討論中，學生應配合小組的討論，熱情參與，勇於表達，能有證據支持自己的論點，對同儕所提的問題給予回應，對同儕的問題適切的補充，程度較好的學生提供鷹架，以利他人學習。（曾照成，2002）

在討論式閱讀教學中，如果教師與學生雙方都能各盡其職，教師適時提供鷹架與引導，使學生融入討論，如此討論式閱讀教學才能發揮其應有的效能。

四、討論式閱讀教學活動類型

可以分全班一起討論和分組討論，基本上以小組討論為主。而小組討論，大約有六種類型（黃正傑主編，1999）：

（一）腦力激盪法

目的在激發學習者的創造力。成員以五至十五人較適宜，小組設主持人主持問題討論，及綜合成員意見。

（二）菲利普 66

由美國密西根州立大學教授菲利普提倡的方法。成員六人；一分鐘內選出主持人，教學者一分鐘內提出要討論的問題。學習者對要討論的問題在六分鐘內獲得一致的解決策略。

（三）導生討論小組

有學習困難學生的補救教學。小組人數少於五人，焦點在小範圍材料。教學者挑選足夠勝任的學習者來擔任導生，領導人發揮三種功能，分別是對學生提問已指出其障礙之處、提供回饋或技巧以促進學習，鼓勵學生發問自己找問題。

（四）任務小組

最簡單的小團體討論型態。團體內每個成員都被指定共同參與任務，由教師主導，在活動中每位成員都有明顯的貢獻，教師須對任務作清楚而明確的說明。

（五）角色扮演

教學者告知劇情，學習者討論扮演的角色，角色扮演之後是大班討論或任務報告，任務報告通常進行十五分鐘。這種活動特別適用於低成就學生，可連結說話。

（六）討論會

從不同角度討論問題。參與討論者約二～三人。而出席討論會者可以是所有學習者。

五、小結

新移民女性子女因母親的因素，與人互動機會少，較缺乏社交技巧，倘若能在討論式閱讀教學活動中，學習尊重、包容、分享，並藉此擴大

認知基模，增進閱讀能力與學習經驗，改變學習態度，必能實現於正式課堂中達成閱讀學習態度及閱讀能力的補救目的。

第三節　探究式閱讀教學

> 思想產生智慧。任何一個有成就的人往往也是一個善於思考和分析的人。特別是在資訊爆炸的時代，如果我們不具備一種分析和思考的能力，很多時候我們都可能走進一個別人設下的陷阱。（何勝峰，2007：145）

　　學校是學生追求知識的場域，但追求知識的過程中，學生大都處於被動的地位，老師照本宣科，而學生死背教材。學生沒有機會去尋找資料，主動找人溝通和討論、分析及向他人解釋自己學習的內容，所以許多學生在其求學過程中，始終沒有了解真正追求知識的歷程。在民主社會中所需具備批判思考、表達意見、尊重他人，解決問題的能力與態度，是必須學習者能融入真實情境中，實際參與真實的學習活動，體會如何運用知識、分析問題、尋找解決問題的策略，學習才有真正的效果。顯然傳統「填鴨式教育」無法培養學生的基本能力，而得另外採用探究式閱讀教學來補救。

一、探究式閱讀教學的意涵

　　探究閱讀教學法又稱發現法或問題解決法，它是由學習者主動去探討問題並找出解決問題的方法。細分為兩種類型（周慶華，2007：45）：

（一）指導式探究法

　　由教學者指導學習者學習。

（二）非指導式探究法

由學習者主動學習而教學者於必要時加以協助。探究式閱讀教學是以「學生為中心」的教育理念，提供學生廣泛而多樣的學習經驗，學生依照個人專長編成小組，在合作中互相支援學習，學習如何與他人溝通和協調，將所蒐集的資料加以整理後，向全班同學報告。探究學習的過程中，學生模仿以磋商處理問題的方式，經由磋商的過程，學到知識，並參與解決問題的活動。（趙中建，1992）「知識」必須透過認知者實際參與，而非置身事外，讓學生蒐集並分析資訊，以便讓他們了解理論與經驗間的相關性。（甄曉蘭，1995）小組探究式教學的特色是：

（一）重視做中學

學習應從實際經驗中獲得，知行合一，所以倡導問題教學法。問題教學法不但能增進思考能力，而且能增進解決問題的能力。（葉學志，1985：93-94）

（二）重視以學生為中心

教學應重視學生的需要與興趣，強調學生內在的動機。（葉學志，1985：117）

（三）共同學習

共同學習是 Johnson 和 Johnson 兄弟（1975）年共同發展出的合作學習法。是指由四到五位學生組成異質共學團體，分工合作，共享資源完成工作單，根據工作單表現給予小組表揚。

（四）學生小組成就區分法

學生小組成就區分法是由 Slavin（1978）年所發展出來的，是一種運用範圍很廣又容易實施的合作學習法。由四至五位學生組成異質性小

組，主要是幫助小組成員精熟教材，以便在學習評量時爭取最多的進步分數，讓小組獲得表揚。

（五）小組輔導個別化學習

結合合作學習與個別化學習特點。小組學習時，小組成員檢查彼此的作業互相幫助，解決問題之後，學生接受個別測驗，教師依據學生分數給予小組獎勵。

綜合上述，小組探究式教學重視學生的興趣，鼓勵學生合作而非競爭，將民主的歷程融入教學中，每個人都有機會為小組爭取獎勵，肩負團體績效責任。它提供學生更多相互交流、學習、合作的機會，減少學生對教師的依賴，並能為自己的學習負起責任。學習與生活緊密結合，在實際的生活情境中學習有用的知識。

二、探究式閱讀教學的功能

根據吳聲純（2003）的碩士論文提到探究式閱讀教學的功能如下：

（一）認知

依據 Piaget 的認知發展理論認為，當兒童與外在環境互動時，發現外來資訊與本身現有的觀點不同而產生認知衝突時，兒童會思考解決問題的方法，以消除衝突，適應環境，藉此擴大認知基模。這種衝突適當的運用在閱讀探究合作學習情境中，能開拓學生的智力眼界。

（二）技能

探究式閱讀教學強調學生的自我管理，學習任務也由學生自行決定與分配，包括資料的蒐集、閱讀、寫作、討論、整理、美工、發表等。學生在整個探究的歷程中，必須輪流擔任發表者與傾聽者，將所蒐集到的資料，經由詢問、討論、分析資料，內化、整理後向其他學生說明解釋；藉此學到解決問題的方法及與他人合作的技能。

（三）情意

Thelen 認為學生在小組中一起工作，並用有效的方法來管理，以便學生能用民主的方法來解決問題並作決定。如果學生要與同儕一起在小組中工作，就必須扮演好自己的角色。探究法安排的教育環境，可以使學生在學習的過程中，培養相互支援合作的學習態度，以有效的解決問題。探究式閱讀教學中，將學生依其興趣編成研究小組，每位成員對學習任務都是能力所及，而對小組都有貢獻，使他具有滿足感，增進學習的內在動機與興趣，進而主動參與學習。

三、探究式閱讀教學中師生的角色

（一）教師的角色

在探究教學中教師必須安排學習情境，引導學生主動學習。從一個知識的傳播或控制者，轉變為學習過程的引導者，幫助學生自我學習、激發內在學習動機而達成自我實現。教師可以是活動的主持人，釐清問題的發問者，尋求資源的推薦者，或教學活動的紀錄者。（吳聲純，2003）同時，教師必須協助處理小組內互動時的磨擦及活動中遭遇的困境。

（二）學生的角色

探究式閱讀教學整個學習活動是以學生為中心，由學生安排、組織、搜尋學習內容，學生主動創造機會去體驗活動，不是被動的等待工作的到來。學生在整個探究的歷程中，必須輪流擔任發表者與傾聽者，每位學生在小組中都扮演重要的角色，成員發揮個人專長，相互支援合作以解決問題，為達成小組共同的目標而努力。

四、探究法實施的程序

根據 Sharan（1990）的看法，探究法的實施步驟，先由教師設計一個大主題，學生與教師討論衍生出次主題，學生根據選擇的次主題，進行小組探究，並向全班發表成果（圖 4-3-1）。實施程序如下：

步驟一：確認探究主題，編組研究小組——確立教學目標、形成小組、彼此幫助、相互支持。

　　(一) 學生參與團體討論，研究次主題。

　　(二) 根據興趣組成小組。

　　(三) 教師指導蒐集並整合資料。

步驟二：小組成員一起計畫探究活動——提升學生間相互依賴，及對團體的個別績效責任。

　　(一) 要探究什麼內容？

　　(二) 要如何研究？誰該分配什麼工作？

　　(三) 我們探討這個主題的目的為何？

步驟三：小組進行探究——資料廣含校內、校外資訊。討論促進認知衝突及澄清資料。

　　(一) 學生蒐集資料、分析資料並作成結論。

　　(二) 學生討論、澄清並整合意見。

步驟四：準備報告——分析資料、協調報告時間、方式。

　　(一) 小組成員計畫要報告的內容，該如何展現。

　　(二) 小組開會為報告作協調。

步驟五：展現內容——多樣化形式的展現。

　　(一) 以多樣化形式表現在全班面前。

　　(二) 某部分的呈現方式包括觀眾在內。

　　(三) 由全班決定評鑑內容。

步驟六：評鑑——報告、表現、個別學習及合作技巧。

　　(一) 學生根據主題，探究工作及情意方面的分享、回饋。

(二) 師生共同合作評鑑學生的學習。

以圖示輔助說明探究法的實施程序：

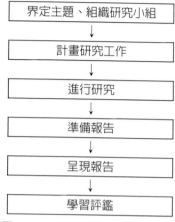

界定主題、組織研究小組

↓

計畫研究工作

↓

進行研究

↓

準備報告

↓

呈現報告

↓

學習評鑑

圖 4-3-1　探究法實施程序圖

（資料來源：Sharan，1990）

五、小結

　　由於新移民女性子女在閱讀過程中缺乏閱讀策略及技巧，倘若能採用探究式閱讀教學，藉由同儕為學習媒介，營造支持性環境，建立個人績效與團體榮譽的責任觀念，並實際參與真實的學習活動，體會如何運用知識、分析問題、解決問題的歷程。必能提升其自信心及閱讀策略的運用，並進而能於正式課程中達成補救教學的目的。

第四節　創造思考式閱讀教學

　　「創意？」超越既有經驗、突破常規的、有用的新點子。「為什麼需要創意？」因為現有的方法行不通；因為我們可以用比較簡

單、比較好的方法來解決問題;因為我們可以做得更有效率。(梁
志援,2006:67)

在升學掛帥,一向強調升學風氣的臺灣,傳統教學造成學生的學習
只是機械性的練習及反覆背誦,老師的教學也只是要求學生能在測驗卷
上得到高分,通過層層的升學考試。學生長期接受這樣「填鴨式」的教
育,大都缺乏創新思考及解決問題的能力;常見低成就的孩子在學習上
共同的問題是不知道如何學習,缺乏「學習能力」。創新思考教學正可
針對傳統教學的缺失,幫助學生「學會學習」和「在閱讀中學習」。因
此,創造思考式教學正合「應運而起」。

一、創造思考教學的意涵

「發揮創意」就是鼓勵人們去進行探索和嘗試。嘗試不能保證成功,
但探索卻能啟動心智,使人擺脫過去思維限制,並以不同的方式創新觀
念、新發明、新變革或新的辦事方法。「創意思維」能帶領我們從一個
向後看的「判斷」模式,進入到另一個向前看的「創新」模式。(梁志
援,2006)

創造思考教學是指教師透過課程內容及有計畫的教學活動,在一種
自由、安全、和諧的情境與氣氛中,運用啟發創造的原則與策略,在教
學活動中,讓學生有運用想像力、充分表達的機會,以培養學生的敏覺、
流暢、變通、獨創和精密的思考能力。教師在生動的教學中也能享受到
快樂、充實與成就。(張振成,2001;張材桂,1994)

二、創造思考教學原則

創造思考教學是啟發性、開放性的教學,整個學習活動是以學生為
主體,教學方法應著重在激發學生學習興趣、鼓勵學生勇於表達與尊重
不同的意見。學生在快樂中學習更能面對問題、解決問題。

陳龍安（2001）、張振成（2001）提出對創造思考學的原則如下：

（一）支持性的教學環境

學生能在安全、自由、民主、合作、相互尊重的環境中討論、發表。

（二）彈性的教學情境

教學情境的提供需在學生的需求下，教學方式、內容和評量方面作彈性調整。

（三）多元化的教學設計

設計活潑多元的教學活動，引導學生在學習過程中發揮自我潛能。

（四）尊重學生的個別差異

教師要了解學生工作表現的差異，尊重他們的想法，教師課堂中可提供適當鷹架，以滿足學生個別差異，適性化教學方式及小組合作學習的機會，以提高學生的學習成就及興趣。

（五）引導學生提問討論

經由提問與討論具有開放性、擴散性問題，讓學生彼此激盪，發揮其想像力。

三、創造思考教學策略

（一）腦力激盪法

創新思考教學中最常被使用的策略，效果佳又容易實施。小組成員集體思考、反應的過程。可小組或全班參加。（陳龍安，2001）

（二）屬性列舉法

　　每一件事都由另一件事產生，一般創造品都由舊事物加以改造而來，且所改造的部分大多是根據事物的屬性而來。實施方式是先讓參與者針對預定探究的問題或事物，列舉出重要部分及各種屬性，再根據各項特質一一去思考，最後提出各種可能的改進方法，也可以組合不同屬性，使其成為新的結構。（陳龍安，2001：58-59）或者把一個主要問題分解成許多次級問題後再列舉這些次級問題的屬性，而不以原來問題來處理對象。（周慶華，2007）

（三）自由聯想法

　　提供一個主題，讓參與者以舊經驗去作聯想，可以有多種不同方式的自由聯想，以建立全新且有意義的連結關係。活動進行時，對參與討論者，不予建議或批評，自由提出各種想法。運用自由聯想最大的優點是可以激發學習者的想像力。（陳龍安，2001：59-60）簡單的寫作遊戲加入自由聯想法，可以激發學生的創造力。

四、創造思考教學技巧

　　在創造思考教學中，要求學生針對問題作討論與發表，有效的發問技巧，在創造思考教學中顯得十分重要。陳龍安（1991）綜合國內外學者論述，歸納出十種類型創造性發問技巧：

（一）假如

　　要求學生對一個假設情境加以思考，用人、地、事、物、時的假設來發問。

（二）列舉

　　舉出符合某一條件或特性的事物及資料，越多越好。

（三）比較

就兩項以上資料，依其特徵或關係比較其異同。

（四）替代

用其他的字詞、事物、含義或觀念取代原來的資料。

（五）除了

針對原來的資料或答案，鼓勵學生能尋找不同的觀念。

（六）可能

要求學生用聯想推測事物可能發展，或作回顧與前瞻性的了解。

（七）想像

讓學生充分利用想像力於未來化不可能為可能的事物。

（八）組合

提供學生一些資料，要求他們加以排列組合成另外有意義的資料。

（九）5WH

利用英文中的 who（誰）、what（什麼）、why（為什麼）、when（何時）、where（何地）、how（如何）做為發問的題目。

（十）類推

將兩項事物、觀念或人物直接比擬，以產生新觀念。

五、創造思考在閱讀教學中的應用

創造思考閱讀教學首重激發學童的反應，期望學童能領會作品的外顯與內隱的意義，激發學童的聯想力，進而培養學童敏覺、流暢、變通、

獨創、精進的思考能力。（陳海泓，2001）因此，教師應該善加利用引導問題討論技巧，一方面帶領學生進行擴散性思考，一方面運用聚斂性思考，從眾多意見中，歸納出尋求解決問題的最佳途徑。

創造思考閱讀教學中，教師應鼓勵學童踴躍提問與討論，並對學童提供鷹架式協助與回饋，製造合作學習的機會，刺激學童思考與發言。周立勳提出幾個應該把握的原則（引自曾照成，2002）：

（一）對於問題

打破制式答案，讓兒童發揮想像力，從中體會學習樂趣。

（二）對於發問技巧

鼓勵學童開放性交談，如此幫助學童跳脫制式學習情境。

（三）教學巧思

教學中加入小組競賽或猜謎遊戲……等，增加學習的趣味化。

六、小結

創造思考閱讀教學具彈性及多元活潑的教學特色，學生在自由、安全的支持性環境下激發其想像及創造思考，並「學會學習」。智力不完全等於創造力，低智能或文化刺激、家庭因素造成的暫時性學習落後，並不影響個人的創造力。倘若能運用創造思考法於新移民子女閱讀補救教學，以其適性化及活潑多元的特性，必能激發新移民女性子女參與學習的動力，學會學習，全面提升學習成就，以在正式課程中達補救的效果。

第五節　閱讀補救教學方案設計

本研究設計的閱讀補救教學方案，採「討論式閱讀教學」、「探究式閱讀教學」及「創造思考式閱讀教學」策略，設計多元、活潑、生動

的學習活動，擬全面性補救新移民女性子女的閱讀問題，以別於傳統講述教學法及僅採取單一策略的教學模式。

講述教學法或稱講演法，可以算是最傳統的教學方法。幾乎自有教學活動以來，身為「教」者就習於採用這種以講演或告訴為主的教學方法。古時候的教師如此，目前的教師也大多如此教學，為圖方便照著教科書的內容從頭到尾、逐字宣讀，上課氣氛枯燥乏味，無法引起學習興趣。單一學習策略僅能補救部分閱讀問題，其補救的穩定性及持久性令人質疑。倘若同時採取多種教學策略，進行補救，不但能因活潑多樣化的教學活動引起新移民女性子女閱讀動機，而且能同時補救多方面學習的不足，畢竟學習是全方位能力的相輔相成。

討論式閱讀補救教學，藉由同儕間想法的激盪，以補救新移民女性子女與人互動缺乏尊重、包容、分享的能力，並能藉此擴大其認知基模、改變學習態度。在探究式閱讀教學中新移民女性子女能體驗學習的完整歷程，學會探究問題解決問題的方法，增進閱讀學習策略的運用。創造思考閱讀教學更是一改傳統「填鴨式教學」的呆板陋習，以活潑生動的教學面貌吸引新移民女性子女的學習動機，激發其創新思考的潛能。倘若能在同儕協助下，依此閱讀補救教學方案模式長期持續實施，必能在正式課程中達到補救的效果。萬一有不足之處，也只需要簡化教學方案，於課後實施加強補救。

一、閱讀補救教學活動理念

把學習的主權還給孩子，設計以他們為主的學習活動，讓他們因充滿興趣而快樂；充滿好奇而探索；充滿信心而學習。為新移民女性子女打造適切的課程與教材，運用合宜的教學方法與策略，以符合他們的學習需求，過程中不斷製造成功經驗，使學生因為經驗與基本能力不足所造成的學習挫折，減到最少，人格得以健全發展。

良好的教學模式，在於教學者依據所處教學情境運用分析和思考的能力，建立適切的教學過程，活潑輕鬆的教學氣氛，跟學生共達互動相

長的學習環境，切不可完全照本宣科教科書一成不變。當然任何一種教學法，如討論式教學法，探究式教學法、創造思考式教學法……等等，都有它應用的策略與採用的情境，除了教學者決定如何應用外，針對當時的教學對象、地點、時間及適用的情境，更是重要的考慮因素。因此，教師對於教學內容的設計，應該選定最適切的教學策略，跟專業知識結合運用甚至轉化，如此才能在多樣巧變的方法下，增進教學效果，提高學生興趣。

二、閱讀補救教學教材舉隅

表 4-5-1　閱讀補救教學教材舉隅

主題	與其終身遺憾，不如盡力改善
教材來源	《壞事沒你想的那麼壞》（楚映天編著，2007：34-35）
教材內容	一位老乞丐獨自在山中挖隧道，已經挖了十年歲月。 　　有一天，一個年輕人突然現身在山谷中，手上拿著一把亮晃晃的彎刀，一個跨步將它架在老乞丐的脖子上。 　　老乞丐長長地嘆了一口氣，鎮定的對年輕人說：「你終於來了，我知道你早晚會來找我的。」 　　年輕人兩眼血紅，憤怒地說：「十五年了，你以為躲到這深山裡，我就找不到了嗎？殺父之仇，不共戴天！現在，你還有什麼話要說？」 　　老乞丐垂下頭，溫和地說：「我罪有應得，無話可說。但是，只求你一件事，請等我把隧道挖通後再殺我。」 　　年輕人冷笑說：「這又是為什麼？」 　　老乞丐語重心長地說：「當年，我殺了你的父親，你母親也因此而自殺。你母親死後，我深感罪孽深重、悔恨交加，立志要做一件大善事彌補我的罪孽。 　　你看見了，這座懸崖阻斷了山後這個小鎮的出路，人們來往，得從懸崖上經過，既費時費力又危險，還摔死過不少人。因此，我決心在崖下挖一條隧道，供人們行走。我已經挖了十年，再過兩年就可以挖通了。」 　　年輕人說：「這樣一來，我不是還要等兩年才能殺死你？」

<table>
<tr><td></td><td>

老乞丐說：「你已經等了十五年了，再等兩年又何妨？讓我做完了這件事，也是一件大功德啊！」年輕人想了想，同意了。

老乞丐自知時日不多，更加勤奮的挖隧道。渴了，喝口清泉；餓了，吃個野果；體力實在不支時，才去鎮上討點糧食。

漸漸地，年輕人對他的頑強意志產生了敬佩之情。他年輕力壯又閒著無事，就幫著老乞丐運土抬石。

那天，他見老乞丐累得氣喘吁吁，就要接過鋤頭來挖土。老乞丐指著他的彎刀笑道：「君子善於利用器具，這把刀用來挖土也無不可。」

年輕人一試果然能用，於是便以刀為鋤，幫著老乞丐挖土。

有一天晚上，年輕人被一條毒蛇咬傷腳趾，昏迷不醒，老乞丐用嘴吸出毒血，敷上草藥，細心照顧他。兩天後，年輕人才醒過來，不解地問：「你為什麼不趁機殺了我？」

老乞丐笑了：「殺了你，誰來為你父親報仇？」

有了年輕人的幫助，隧道提前一年挖通了。老乞丐盤膝坐在洞口，微笑著閉上眼睛說：「動手吧！孩子，為你父親報仇的時間到了。」

年輕人遲疑地舉起了彎刀，可是他的彎刀已經被磨成了一根沒有刃口的鐵條。年輕人突然扔下彎刀，伏地痛哭。

老乞丐睜開眼問：「孩子，這一天你等了十六年，怎麼還不動手？」

「你是我的老師，學生怎麼能殺死自己的老師？」年輕人哭著說。

</td></tr>
<tr><td>選材依據</td><td>

選擇這篇文章為範文的理由有五：

1. 這篇文章屬於另類教材：一般制式教材（課文）有一定的規範限制，缺乏創新變化，無法引發學生閱讀興趣，而另類教材具有基進的特性，符合創新文化、帶領風潮的特色。

2. 具深刻的內涵：老乞丐挖隧道的堅定意志、彌補罪惡的決心及救命的無私大愛，年輕人將對老乞丐的殺父仇恨轉化而使他成為自己人生的導師。

3. 具耐讀吸引人的特質：人物個性的深度刻畫，情節的高潮迭起，急轉直下的轉折結果，牽動著讀者的思緒，留下深刻的感動。

4. 符合實際的需求：藉「與其遺憾不如盡力改善」的文本內涵，引發學童對平時弱勢學生的排擠行為深切省思，並思考如何彌補過去的不當行為，掌握現在並改善未來。

5. 此篇範文生詞難字較少，文章結構簡潔但完整，能為新移民女性子女製造更多學習成功的經驗，以增進他的自信心。內涵深遠，具教育性，能建立同儕間相處的正確觀念。

</td></tr>
</table>

教材分析	1. 文體：記敘文 2. 主旨：過去是無法改變的，我們能做的只有接受現在，改善未來。 3. 文章結構分析： 　(1) 起因 　　第一段：年輕人要向老乞丐報十五年前的殺父之仇。 　(2) 經過 　　第二段：老乞丐請求年輕人，再給兩年時間好挖通逐道，造福鄉里以彌補過去的罪孽。 　　第三段：年輕人被老乞丐的決心與毅力感動，於是加入挖通逐道的工作。 　　第四段：年輕人被毒蛇咬傷，老乞丐救他並細心照顧他。 　(3)結果 　　第五段：年輕人伏地痛哭，說老乞丐是他的老師，學生怎麼可以殺死自己的老師。 4. 全文大意： 　老乞丐為彌補十五年前對年輕人的殺父之仇，於是以挖通逐造福鄉里，來彌補過去的罪孽，最後年輕人被老乞丐勇於面對過錯、以行動彌補罪孽絕不逃避的決心所感動，不但幫忙挖通隧道還真誠地接納老乞丐，成為他的「人生導師」。
教學策略	討論法、探究法、創造思考法混合運用於課文大意、內容深究、形式深究及綜合活動中。

三、閱讀補救教學活動設計說明

　　本章閱讀補救教學活動設計，混合運用討論法、探究法、創造思考法等教學策略，並指導學生於每個活動中學習運用合宜的閱讀策略，解決閱讀問題。團體討論時以「猜拳遊戲」決定答題的小朋友。分組討論採「四四討論法」進行。

　＊猜拳遊戲

1. 全班學生起立，教師的手用紙袋遮住，增加神秘感。
2. 喊「剪刀－石頭－布」師生一起出拳。

3. 教師將紙袋拿掉和學生評比，猜贏的坐下，輸的人回答問題。

＊四四討論法

1. 全班 12 人分三組，每組四人。
2. 每人發言一分鐘，輪流說給同組的人聽。
3. 教師計時，一分鐘時間到喊停換人發言，四分鐘時間，全班學生停止發言。
4. 小組就同一主題討論兩分鐘。
5. 各組分別整理討論結果。

（一）【課前預習】

　　課前預習策略：包括預覽全文、試摘大意、查生詞難字，促使學生發現且反思自己對於這篇文本所知多少，他們啟動先備知識，了解已經知道什麼？不懂的地方？試著自己解決問題或留待學習活動進行時與同儕合作解決。

（二）【活動一：親愛的！我把文章縮水了】

　　◎概覽全文策略

　　閱讀活動展開，請學生再一次快速瀏覽全文，對於低閱讀能力者，有困惑難解的字，或無法理解的地方，教師指導以「重讀」技巧，慢慢再讀一次，或利用前後文線索來猜測解決。

　　◎摘要全文大意策略

　　高閱讀能力者能夠一面閱讀一面整合文本內容的重點，把主要句子挑出來，刪去重覆或不相干的資料。但對低閱讀能力的學生來說，以問題提示法，先由全班進行討論後再以分組討論共同濃縮資料的方法摘出重點句，學生重述共同摘取的大意。我認為，這樣的摘取大意策略較為可行。活動流程如下：

1. 問題提示法：老師事先將課文內容設計出數個題目，寫於長條卡內。老師一一揭示題目，學生將答案寫在白紙條上，老師取答案相異的答題條張貼於黑板，請答案條被貼在黑板上的學生對自己答案作說明，全班共同討論留下較貼切的答案。

2. 分組討論將六個問題的答案濃縮組成一句課文大意。

3. 進行「猜拳遊戲」輸的學生口述大意。

4. 獎勵。

（三）【活動二：閱讀放大鏡～讀、思、做】

◎課文內容深究策略

深度探究文章的內涵，是幫助閱讀理解重要的一環，討論教學、探究教學或創造思考運用於閱讀教學並非整節課；也許是某一個教學歷程；也許是方法的多樣化。但其目的是啟發孩子創造的動機，激發孩子助長其與人討論合作、體驗創造解決問題的行為模式。學會如何提問，對新移民女性子女來說難度較高，鼓勵他們多發言，多欣賞別人的表現，並且能於討論中，彼此協助，養成互動、主動、自學的能力，才是本活動的主要學習目標。活動流程如下：

1. 放聲思考教學：教師先以一篇短文示範「自我提問」技巧、運思的歷程。

2. 學生自我提問：分組以腦力激盪法，利用 6WH 及「為什麼……」、「如果……」、「相反的話……」等句型，練習自我提問，並寫於提問單上，小組討論題出 3 個提問，黏貼於黑板上。

3. 全班討論刪去重覆的問題，老師補充未被提出但重要的問題。

4. 回答問題：「猜拳遊戲」決定回答的學生，學生可自行取下想回答的提問卡，回答問題。

5. 學生支援回答或教師補充。

6. 獎勵。

（四）【活動三：故事地圖～探究與分析】

　　◎形式探究策略

　　常發現低閱讀能力的學生對課文內容，缺乏分析能力，讀完一篇文章不知所云，經過對課文大意摘要、課文綱要提取兩個活動後，希望能進一步以這些要素組成圖示結構，使之具象化，以刺激學生的判斷力、想像力和組織能力。活動流程如下：

1. 分段落：將課文依照概念分成五段（學生以紅筆在文章上畫線標示段落）。
2. 將活動一摘取大意的答案條散放於黑板上。
3. 複習舊經驗：故事的元素──主角、空間、情節（起因、經過、結果）、感想。
4. 請學生將這些元素依照事件順序分類排列於黑板上。
5. 請學生將散放於黑板的答案條歸類於下階位置。
6. 學生共同討論為這篇文章取一個最適當的名稱，放最上階位置。
7. 學生看結構圖口述故事。
8. 獎勵。

（五）【綜合活動：小記者～原來如此】

　　「學問」就是學會去問，「學會學習」是對新移民女性子女設定的重要學習目標，設計小記者的活動目的，是希望他們能透過同儕媒介，學習討論、合作慢慢體驗解決問題的歷程學會學習，學習解決問題。活動流程如下：

1. 請學生回憶是否曾經做了對人或對物不恰當的行為？
2. 教師在黑板寫上：人（家人、同學、朋友……）、動植物（貓、狗、花……）、物品（書、電腦……），請學生填上座號，依此分成三組（自己對不起的是人則在「人」字的下方填上自己座號）。
3. 分組採訪（課後作業）：

(1) 小組討論決定採訪相關的對象。

(2) 小組擬定採訪問題。

(3) 進行訪問蒐集相關資料（注意訪問禮貌）。

(4) 整理資料、分析資料。

(5) 完成書面報告。

(6) 分組報告（報告形式不拘，隨意發揮創意）。

(7) 檢討：口頭自評、互評。

四、閱讀補救教學活動設計

(一) 單元名稱：與其終身遺憾，不如盡力改善。

(二) 教學對象：六年級 12 位學童。

(三) 教學時間：共二節 80 分鐘。

(四) 教學目標：

1. 能預習課文，並擷取全文大意。

2. 能詳讀課文內容，說出全文主旨。

3. 深究課文內容，自我提問，並回答別人提出的問題。

4. 能體會文章中解決問題的歷程，並引發深切的反思。

5. 會運用閱讀策略，提升閱讀能力

6. 學習合作討論，欣賞別人的表現彼此協助，養成互動、主動、自
學的能力。

(五) 準備教材

A4 白紙、文章「與其終身遺憾，不如盡力改善」、預習單、故
事地圖、電腦、單槍。

表 4-5-2　閱讀補救教學活動設計

教學活動名稱	教學活動內容	時間	分段能力指標	十大基本能力	評量方式
活動一：親愛的！我把文章縮水了	課前預習： 1.針對文章圈出新詞、生字（查字典寫出生字部首、筆畫、字義及新詞詞義）。 2.試著自行摘取文章大意。 (一) 引起動機——拼圖遊戲 　　　分給小朋友每人幾片拼圖，請小朋友共同完成一幅作品（每個人都像是一塊小拼圖，要共同分享各自的那一塊拼圖，才能看到完整的圖像；討論也就是分享每個人的想法，讓大家有更大的思考空間，更清楚了解一件事物的完整面貌）。 (二) 發展活動 1.【概覽全文，歸納全課大意】 ◎概覽全文，倘若遇到理解困難，可運用「重讀」技巧。 ◎大意歸納：應用問題提式法，引導學生進行團體討論，並以分組討論綜合歸納發表全文大意。 ＊提問問題如下： (1) 這篇文章主角是誰？發生在什麼地方？發生的時間？ 　　S1：主角是：年輕人和老乞丐。 　　S2：地點在：隧道洞口。 　　S3：時間：十五年後。 (2) 年輕人為什麼來找老乞丐？	5 15	E-2-10-10-1 能思考並體會文章中解決問題的過程 E2-5-3-1 了解教材中不同的閱讀策略增進閱讀的能力	了解自我發展潛能 獨立思考與解決問題	會與人討論合作

	S：年輕人來到隧道洞口是為了報十五年前的殺父之仇。			
	(3) 老乞丐為什麼要挖隧道？			
	S：老乞丐以挖通隧道來彌補十五年前的罪孽。			
	(4) 挖通隧道的那天年輕人報了殺父之仇嗎？			
	S：年輕人選擇原諒了老乞丐。			
	(5) 為什麼年輕人會選擇原諒老乞丐？			
	S1：老乞丐決心挖通隧道的毅力。			
	S2：年輕人被毒蛇咬傷，老乞丐真心救治。			
	S3：老乞丐勇於面對過錯、以行動彌補罪孽的決心感動了年輕人。			
	(6) 以什麼行動來原諒他？			
	S1：年輕人幫忙挖通隧道並尊稱他為老師，真誠的接納及原諒了老乞丐。			
	◎全課大意：老乞丐為彌補十五年前對年輕人的殺父之仇，於是以挖通隧造福鄉里，來彌補過去的罪孽，最後年輕人被老乞丐勇於面對過錯、以行動彌補罪孽的決心所感動，不但幫忙挖通隧道還真誠地接納老乞丐，成為他的「人生導師」。			會回答問題，摘取大意
	2.【語詞教學】（略）於第五章詳案			
	3.【生字教學】（略）於第五章詳案			
	4.【課文內容深究】			
	◎教師放聲思考示範「自我提問」			

	策略。提示多用「如果」、「為什麼」等句型,以設計啓發性創造思考問題。			
	◎學生自我提問答題的方式進行。 ◎教師歸納及補充學生未提出的焦點問題。 教師補充的焦點問題如下: (1) 為什麼年輕人要把亮晃晃的刀架在老乞丐脖子上?你認為用這種方式報仇好嗎?為什麼? 　S1:為了報殺父之仇。不好。冤冤相報何時了。 　S2:雖然報了殺父之仇,但是自己也會犯法坐牢。 　S3:老乞丐孩子說不定也會找年輕人報殺父之仇。 　S4:雖然報了仇,但又為自己鑄造了過錯的枷鎖。 (2) 當年輕人找到老乞丐時,老乞丐有怎樣的反應?為什麼? 　S1:一點都不意外,因為老乞丐似乎早預料到會有這樣的結果。 　S2:老乞丐心裡很平靜。因為他已經徹底改過,而且用行動來彌補以前犯的錯誤。 (3) 為什麼老乞丐要用「挖通隧道」來彌補過錯? 　S1:用做善行來代替自己的惡行。 　S2:為自己內心的痛苦與愧疚找一個宣洩的出口。	20	E-2-5-9-1能用心精讀,記取細節,深究內容,開展思路	生涯規劃與終身學習
活動二: 閱讀放大鏡～讀思做				閱讀後能自我提問問題

	(4) 如果沒為自己深藏於內心的罪孽找一個出口，你想可能會發生什麼事？ S1：可能會得憂鬱症。 S2：可能會發瘋或自殺。 S3：也可能會再做殺人放火的事。 (5) 為什麼年輕人最後選擇原諒老乞丐？ S1：因為被老乞丐真誠改過的心感動。 S2：改過要真心誠意、發自內心，不是虛情假意，說的是一套，做的又是另一回事。 S3：還要持久，不可以只是五分鐘的懺悔。 (6) 如果故事的結果是相反的話，會怎樣？ S1：年輕人可能又會跟老乞丐一樣，又要為自己的罪孽，找宣洩的出口。 S2：老乞丐的兒子又要找年輕人報酬。 (7) 想想看你是否曾經做過欺負別人、故意陷害別人或報仇的事？（學生自由作答）現在你會選擇如何應對？為什麼？ S1：（陳述事件）幫助他來彌補過錯。 S2：（陳述事件）多做服務班級事物的事來彌補過錯。 S3：（陳述事件）不要看不起他，和他成為好朋友。				

	(8) 老乞丐對年輕人說：「你終於來了，我知道你早晚會來」你覺得老乞丐會說這句話是對年輕人的報仇抱持一種什麼態度？ S1：包容年輕人報仇的態度。	20			
	(9) 從整個故事的發展脈落中，你還可以從哪裡看出老乞丐對年輕人的包容？ S1：老乞丐為年輕人吸出毒血。 S2：隧道挖通後，老乞丐微笑等著年輕人為父報仇。				
	(10) 年輕人是否對老乞丐也展現包容的態度嗎？從哪裡看出來？ S1：年輕人同意隧道挖通後再殺老乞丐。 S2：年輕人協助老乞丐挖通隧道。 S3：最後年輕人伏地痛哭稱老乞丐為「老師」就是對老乞丐的包容。				
	(11) 年輕人與老乞丐之間的相互包容是一開始就發生還是在最後才引發？ S1：從老乞丐溫和和鎮定的等年輕人來殺他就開始了。 S2：年輕人被老乞丐態度的影響，而不忍殺他，從他的表情姿態就可以看出對老乞丐的包容。	20			

	S3：一件事情的發生有前因後果，從整個故事來看，作者對有代價的「包容」一路鋪陳。 (12) 他們在彼此一路相互包容下，是否有所成長？ 　　S1：老乞丐被年輕人感動，而為他吸毒血，救他一命，並坦然面對生死。 　　S2：年輕人被老乞丐服務大眾的意志力以及對自己的救命之恩感動，而尊稱老乞丐為「老師」。 　　S3：他們相互感動、交心在各自身上學到了人生道理。 　　S4：這就是一種創造性的包容，因為彼此的相互包容，而得到包容的代價。				
活動三： 故事地圖 ～探究與 分析	5.【課文形式探究】 ◎文體：記敘文、故事體 ◎段落分類：將課文依照概念分成五段（以紅筆畫線標示課文段落）。 ◎以圖示故事地圖刺激學生聯想力，師生共同討論故事主角、故事發生地點、事（起因、經過、結果）。 ◎教師散放學生於（活動一）完成的提問單於黑板上，請學生依照上階分類概念，將答案條歸類。	20	E-2-3-2-1能了解文章的主旨及取材結構	尊重與關懷	會將文章作概念分段

	◎共同完成故事分析地圖： 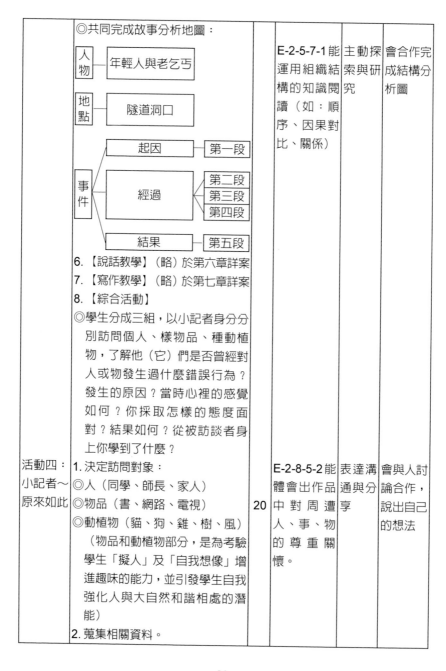 6.【說話教學】（略）於第六章詳案 7.【寫作教學】（略）於第七章詳案 8.【綜合活動】 ◎學生分成三組，以小記者身分分別訪問個人、樣物品、種動植物，了解他（它）們是否曾經對人或物發生過什麼錯誤行為？發生的原因？當時心裡的感覺如何？你採取怎樣的態度面對？結果如何？從被訪談者身上你學到了什麼？		E-2-5-7-1能運用組織結構的知識閱讀（如：順序、因果對比、關係）	主動探索與研究	會合作完成結構分析圖
活動四： 小記者～ 原來如此	1.決定訪問對象： ◎人（同學、師長、家人） ◎物品（書、網路、電視） ◎動植物（貓、狗、雞、樹、風） 　（物品和動植物部分，是為考驗學生「擬人」及「自我想像」增進趣味的能力，並引發學生自我強化人與大自然和諧相處的潛能） 2.蒐集相關資料。	20	E-2-8-5-2能體會出作品中對周遭人、事、物的尊重關懷。	表達溝通與分享	會與人討論合作，說出自己的想法

	3. 擬定採訪稿（教師提供採訪提示單）。 4. 整理資料、分析資料。 5. 完成書面報告。 6. 分組報告（報告形式不拘）。 7. 回饋檢討：自我評量、分組評量（口述）。			

第五章　生字詞彙補救教學

> 我像個尋寶者，但我想挖掘的並非物質上的財富，而是想從學生身上發現到因挫敗而被埋藏的潛能，並且不斷尋找新的機會，讓他們能發揮所長。（John W.Schlatter 語，引自楊淳茵，1995）

第一節　概說

一、生字詞彙補救教學的重要性

　　識字是孩子掌握語言、與他人溝通以及學習知識的重要基礎。孩子的識字能力高，就能夠幫他們更有效和準確地表達自己的思想和感受。識字對於學習、工作與生活而言，都是不可或缺的技能。識字是學習文化的開始，也是兒童從運用口頭言語過渡到學習書面言語的基本環節。（林若男、李錦英，1996）閱讀和寫作是語文教學的主要任務，而讀寫能力的培養是以識字為先決條件。不識字就無法析詞辨義、理解句子；不理解句子，就不能領會文章的層次結構和思想內容，更遑論學習文化了。只有識字，才能遣詞造句，進而謀篇布局，更準確及生動的表達自己的想法。因此，識字教學是語文教學的首要任務；識字基礎鞏固了，將來的閱讀和寫作教學就有了最基本的保證。

　　陳英三（1995）認為一般國語文低成就學童，大部分有閱讀困難的問題，而識字困難、懂得詞彙太少又往往是造成閱讀障礙最基本的原因，所以學生閱讀之前必先學會識字，如果識字發生困難，對閱讀和其他科目將有嚴重的阻礙，往後各項學習都將事倍功半。（林育毅、王明泉，2005）

因此，識字學習和其他認知技能學習一樣，必須達到自動化的程度，才算是熟練的閱讀。如果能解決識字問題，閱讀問題便能迎刃而解。

新移民女性子女也如前述，由於學前語言刺激及識字量不足，上學後又缺乏識字策略，連帶影響了聽、說、讀、寫的能力，識字教學是語文教學的首要任務，雖然研究的對象已經六年級了，但是對中文字的辨識未能掌握，常見多一筆少一筆，或張冠李戴，同音字或相異詞隨意套用，以致寫錯字或用別字，而全然未察；當然，更做不到「我手寫我口」，嘴裡說出來的話，常常在自己的「字」資料庫裡找不到。由於電腦科技發達，習慣使用電腦鍵盤輸入代替手寫文字，而出現所謂電腦失寫症問題，更使得錯字、別字的問題雪上加霜，識字成為壓垮閱讀與寫作的最後一根稻草。

二、中文識字歷程模式

鑑於識字量於國語文學習的重要性，九年一貫課程語文學習領域的分段能力指標，特別將識字與寫字能力獨立出來，明確規範識字能力，包含識字量、能使用部首或運用簡單造字原理、六書原則、了解字型結構等來輔助識字。但由於漢字數量大，再加上音近字和形近字不少，造成學生學習上的困難。中文識字歷程模式較具代表性的有二：一為曾志朗（1991）所提出的「激發－綜合」二階段模式；一為胡志偉、顏乃欣（1995）所提出的「多層次字彙辨識模式」，分別說明如下：

（一）激發－綜合二階段模式（中文字系統識字歷程模式）

曾志朗（1991）針對中文認字提出「激發－綜合」二階段模式，進一步以同時平行分配處理模式來說明中文識字的歷程。此模式認為閱讀文字時，讀者會同時採用字形和語音等多重線索來認字，不同線索之間相互合作而非相互競爭，這種合作關係使得各個推測率相當低的線索在綜合之後造成相當高的推測率。換句話說，中文字的字形、字音、字義等不同的訊息是以平行分布的方式儲存在記憶系統中，讀者利用各線索

所提供的訊息，經過激發－綜合的兩階段過程，在「激發」階段，刺激字的各種相關訊息（例如與刺激字之聲旁有關的所有可能的發音）都會被激發出來；在「綜合」階段，讀者將綜合這些訊息，合成一個最可能的發音，然後作出反應，而達到識字的目標。也就是說，中文字的各線索本身的運作產生了共謀效應，使讀者很快認出字來，過程如下圖。

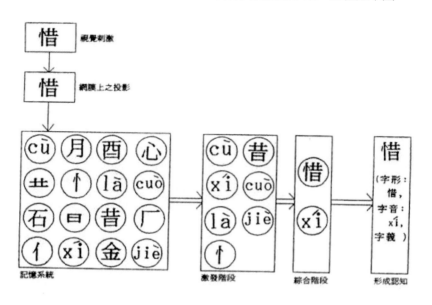

圖 5-1-1　「激發－綜合」二階段模式（資料來源：曾志朗，1991：550）

（二）多層次字彙辨識模式（拼音文字系統識字歷程模式）

　　胡志偉、顏乃欣（1995）也說明了在拼音文字辨識時，不同層次的辨識系統（如：物理特徵、字母、字……等），同時運作；當某個層次完成分析後，其所代表的意義便會達到讀者的意識層面，並可促進其他層次的分析。當一個字出現在視覺系統時，首先會激發記憶中的字形記憶，如看到「好」時，由於「女」、「子」和「好」都是常用的字彙，所以其字形記憶同時受到激發，這些被激發的字形記憶又會去激發「奴」、「如」

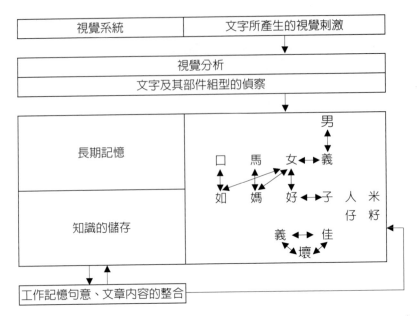

圖 5-1-2　多層次字彙辨識理論（資料來源：胡志偉、顏乃欣，1995：49）

等形似字的記憶。被激發的字形記憶間相互抑制，越熟悉接受越多的字形、字音、字義的連結，達到文字辨識的歷程。

　　無論是中文或拼音文字系統，都傾向採用多層次互動理論的觀點來解釋識字的歷程。在中文文字系統中，學者對於中文識字的看法，都重視多重線索的概念，並肯定各線索間交互作用的現象。多層次字彙辨識理論強調，在識字時中文的字形會激發記憶中的相似字形或部件，再與字音及字義產生結合，進而達到文字的辨識。識字的成分包含字形辨識、字音處理及字義搜尋。需同時掌握字形、字音與字義的多重線索，透過一致性高的字彼此間相互增強的規則效應，加速文字辨識的歷程及正確性，才能達到自動化的層次。換句話說，識字需透過字形區辨、聲韻辨識及工作記憶等認知能力與心理字彙的相互配合，才能有效進行。所以本研究擬針對新移民女性子女，將以字形分析激發字音字義的連結為學習的主軸。

三、兒童識字與認知發展的關係

識字的過程包含字的形、音、義，對於一個剛開始學習的人而言，這三方面的技能都必須投注極大的注意力，花許多時間才能辨識一個字以及「字形―字音―字義」三者之間的關係。然而依照人類認知的發展過程有三種表徵的經驗，先是動作的表徵，再來是心像或圖形表徵，最後才是語言。（鄭昭明，1994）因此，在識字的學習上，應配合認知的發展階段，依據不同文字系統的特性作教學；尤其漢字的構字特殊，其識字學習要先了解漢字的識字歷程，並結合兒童認知階段，才可達成有效的學習。根據佟樂泉、張一清（1999）及黃陶陶（2006）的研究，有關兒童知覺發展與識字間的關係如下：

（一）兒童感知覺的發展與識字的關係

從心理學的角度看，人們對文字的認知過程與文字本身的特點有關，也與學習者的心理發展特點和教育者採用的教學方法有關。知覺是透過人的眼、耳、鼻、舌、身等多種感覺器官相互協調配合，對一個客觀物體或自身狀態整體的、完整的感覺。概括起來說，同樣的刺激會引起同樣的感覺；而同一物體，不同的人由於經驗的差異和態度的不同，在知覺上常會表現不同的結果。感覺和知覺都屬於認識過程開始時的感性階段，是對物體直接的反應。因此我們常常總稱為感知覺。目前，我國兒童識字教育大致都從六、七歲開始，因此有必要對處於小學階段兒童的感知特點作概略的了解，以期達到事半功倍的教學效果。

1.視覺：

識字首先需要的是視覺。這個年齡段的兒童視敏度有所發展。視敏度是從一定的距離感知和辨別細小事物的能力。它包含絕對感受性和差別感受性兩方面。兒童的視覺絕對感受性隨年齡而提高，但學齡期比學前期增長要慢些，其間增長最快的是七歲左右。這為七歲前後學習包括

漢字在內的各種知識提供了依據。差別感受性是指能看出兩個東西之間差別的最小的量是多少。能看到的差別越微小，感受性就越高。學齡期兒童的視覺差別感受性相較於學齡前有十分明顯的提高。這使兒童辨別字形差異和糾正錯別字成為可能。

2. 空間知覺：

空間知覺在漢字的認知過程中也扮演著重要的角色。首先是形狀知覺。由於兒童不熟悉抽象的圖形，所以傾向於把這樣的圖形和具體的事物聯繫起來去感知和理解。現在一般教師在兒童識字之初，都用畫圖的方式來教象形的獨體字，如日、月、山、川等，顯然是引導學生從具象過渡到抽象的好方法。空間知覺的第二個方面是方位知覺。剛到學齡的兒童總是以自身的基準來辨別方位的。就平面而言，用這種辦法來分辨上、下方位絕無問題，因為上、下對大家來說是一樣的，但辨別左、右這種相對的關係就有問題了。調查發現，五歲兒童才能辨別自己的左、右手；七、八歲才能辨別對面而立的人的左、右手，但還是常常出錯，例如剛入學兒童中有 30%的人不能按口令正確的向左轉或向右轉。直到十歲或十一歲才能完全的學習。我們常常看到低年級兒童在學習漢字時把左鉤寫成右鉤，因此生活經驗中形成的方位知覺有助於對漢字的正確感知，漢字學習又反過來有利於方位知覺的形成。

3. 語音知覺：

兒童對語音的感知也有一個發展的過程。據研究胎兒在母體內就能感受到外界的聲音，出生半個月左右就能分辨哪些是語音、哪些是其他聲響。其證據是嬰兒在哭鬧時聽到有人說話可能就不哭了，而聽到其他聲音則照哭不誤。兩個月大的嬰兒能對話語蘊含的情緒有所反應，四個月能區分男聲和女聲，六個月能區分語調了。可見兒童在很小的時候就對語音感知發展到了一個相當高的水準。

4.圖形知覺：

漢字是一種按照一定的筆畫和結構組成的方塊文字，一般學童對漢字的認識是從圖形知覺開始的。人的知覺有許多特點，其中有三方面與漢字知覺特別有關係。

（1）是知覺的選擇性：

在日常生活中，總是有各種不同的刺激作用於我們的眼睛，一般人都無法對所有刺激作出反應，而是選擇對自身重要或需要的刺激作出反應。這種排除干擾、有選擇的進行知覺，是人的知覺的重要特點。但能否正確選擇知覺的對象，有賴個人主觀的認知及客觀情境的呈現，知覺對象和背景之間的差別越明顯越好，例如較明亮、較大、色彩鮮豔，或在空間上接近、連續、有動感，變化較多等等。以上這些，都在漢字知覺中有所反映。漢字的構成有其自身的規律，與其他圖形有很明顯的不同，因為它是一種有意義並對人類有重要作用的符號，所以一般都容易被感知。

（2）是知覺的整體性：

人的大腦在對各種感官傳來的信號進行加工時，就會綜合事物的各種屬性，從而把事物知覺為一個整體。久而久之，當這一事物的某一屬性單獨刺激我們的感官時，我們就能根據以往的經驗而把事物知覺為一個整體。漢字知覺就是一個明顯的例子。例如一個生活在漢字漢語生活中的兒童，即使基本上還不認識字，卻不會把一個字不連接的兩部分看成兩個字；在他初步學會了一些漢字後，就能把兩點一挑看成一個部分——三點水（氵），，雖然這三筆各自獨立，互不接觸，並能用這個部件的整體去和其他部件再構成完整的字。

（3）是知覺的理解性：

不同經驗和知識背景的兩個人，對事物的感知程度也是不同的。完全沒有接觸過漢字的兒童，在看到一個漢字時，會覺得它是一個毫無頭

緒的圖形；一旦當他學過了筆畫知識，就知道了一個字的基本點畫順序及搭配；學過了偏旁部首，就能把正確的字歸入一定的序列中，並且大致知道它的音和義。這就充分表明了理解在知覺過程中的作用。

（二）識字發展理論

李俊仁（2002）在其識字發展理論文中提到，識字發展的三個階段：第一個階段是圖示技巧發展階段；第二個階段是拼音技巧發展階段；第三個階段是組字規則技巧發展階段。

1. 圖像階段：

在小孩子還不認識字的時候，他們對於字的記憶就像是對圖形的記憶一般，這個階段的字彙稱為圖像字彙。當然，記住字的形狀，不管是依據整個字或是部分的特徵，會將相似字形的字搞混，也無法同時記太多的字彙。

2. 拼音階段：

由於圖示階段無法記住大量的字彙，學生發現利用拼音文字中音素和字素的對應關係，藉著解碼歷程，可以將字與心理詞彙作連結學會生字。

3. 組字規則階段：

在這個階段，學生會將字分解成不同的組字部件，不再經由每個字素或音素的對應將字唸出。基本上，組字的部件是與詞素相對應的，他們都是以字串的方式存在於內在的表徵中。而組字規則與拼音規則最大的不同在於分析的單位比較大，同時並不經由語音的方式接觸字義。組字規則技巧與圖像技巧最大的差異在於組字規則並不是單純依靠視覺，同時它是一種有系統的分析與整合的歷程。

（三）分析兒童識字困難的原因

國內柯華葳、李俊仁（1996）發現注音處理、字形辨識及基礎認知成分等因素都跟識能力有所關連。楊憲明（1998）也認為閱讀障礙學生

文字辨認無法自動化的主要原因是對詞彙的音韻訊息提取，以及對詞彙細部字形結構組成的知覺辨認，無法純熟快速。在個體的識字歷程中，從接收文字的視覺刺激到辨認出文字的意義之間，不論有無說出字音，都出現聲韻轉錄的現象。（陳淑麗、曾世杰，1999）雖然中文的組字規則與拼音文字有所不同，但依據中文識字的歷程，不少研究都支持聲韻處理能力與中文閱讀或識字有所相關。以下以視覺字形處理能力及聲韻語音處理能力來探究學童識字困難的因素：

1. 視覺字形處理能力：

不論是拼音文字或中文文字系統，視覺訊息的接收都為文字辨識的第一步，可見視覺在閱讀過程中似乎扮演一個重要的角色。

（1）視覺辨識困難：無法有效地處理文字符號的視覺訊息，不能辨認字與字間的異同，尤其是相似字，如「n、m、u」、「b、d」、「幕、慕」；其文字符號區辨與文字部件區辨能力顯著低於一般學生。

（2）文字部件的辨別處理速度較慢：朗讀慢且費力，比不上同年齡兒童視知覺的速度，自動化速度慢。

（3）視覺序列困難：無法正確將視覺序列保留在短期記憶，以致於對字中字母形成錯誤的知覺，而將「in」讀成「ni」。

（4）失去閱讀位置：有些閱讀障礙個案閱讀時會跳行、漏字，以致於無法將訊息連貫成有意義的篇章。

2. 聲韻語音處理能力：

邵慧綺（2003）認為聲韻能力要包括聲韻覺識和聲韻轉錄等內涵。所謂的「聲韻覺識」是指將字音分析成更小成分的能力，如音素、音節、音調等；而「聲韻轉錄」則是指將形碼轉換成音碼的過程。雖然中文的組字規則與拼音文字有所不同，但依據中文識字的歷程，不少研究都支持聲韻處理能力與中文閱讀或識字相關。

邵慧綺（2003）整理相關文獻資料，發現聲韻能力與識字間有密切的關係，而閱讀障礙者與一般人相比較下，在識字時的聲韻能力上，有以下幾種缺陷：

(1) 形和音整合困難：不能做字形和音素的連結。

(2) 聽覺辨別有困難：辨別字和字母音的異同有困難，最明顯的是子音「b、p」、「m、n」及短母音「e、i」。

(3) 語音分析和綜合的困難：對字首、字尾、字根缺乏認識，無法讀不熟悉的字，混音有困難，傾向於猜字。

(4) 遲疑和重覆：對字發音不正確，會停頓在字間或將有問題的字重複說好幾次。

(5) 聲韻處理能力有明顯缺陷：閱讀障礙兒童的音素覺識、聲韻覺識、音韻知覺等能力上明顯低於普通兒童。

(6) 音韻訊息處理速度慢：閱讀障礙者無法快速地處理文字的音韻訊息，造成其文字辨認自動化發展的困難。

綜合以上論述，可見識字真是一個複雜的心理歷程，必待感覺與知覺的適度發展與配合，方能進行識字的學習歷程。新移民女性子女雖然跟閱讀障礙學童有別，但大都因家庭因素錯失孩子知覺刺激的關鍵期，以致在音韻提取、字形辨識及字義的理解上的發展及敏感度上呈現較遲鈍的現象，再加上文化刺激不足，缺乏識字所需基礎認知成分，以致造成孩子學習中國文字的困難，與閱讀障礙學童呈現出來的表象也相去不遠。

第二節　集中識字教學

> 橫看成嶺側成峰，遠近高低各不同；不識廬山真面目，只緣身在此山中。（蘇軾詩，王文浩、馮應榴輯注，1985：1219）

早在 1958 年，大陸遼寧省黑山北關實驗小學若干從事語文教育者，有感於小學語文教學效率不彰的情況，認為識字教學拖住了閱讀教學的後腿，從而導致語文教學速度慢、質量低；因此提出了從識字教學改革

入手，進而帶動小學語文教學全面改革的思路，大家將目光集中在識字教學上。這些教師們反覆研究認為：「邊讀書邊識字的分散識字法，是識字教學少、效率低的主要原因，也是識字教學長期存在的問題。」（佟樂泉、張一清，1999）因此，大陸學者近年來普遍提及「識字教育科學化」的問題，致力實現將小學識字教學轉變為小學識字教育，在識字教育的過程中，同時伴隨著兒童的社會化教育、心理健康與發展、認知能力的提升。

　　傳統的教學法，使孩童學習生字感到困難，特別是默寫生字，對部分孩子來說，是眼淚和痛苦的回憶。因為默寫生字是一種短期記憶，字與字之間沒有聯繫，所以難以記憶，但是默寫語詞或相關的字鏈就較容易。如果我們把「一個」變成「一個系列」，我們的記憶量便可以倍增，學習較為容易。「集中識字教學法」，它的基本原理就是在學習語文的初期，集中大量識字，並利用「基本字帶字」的方法，由「一個字」帶「一系列的字」，提高識字的數量和效率。例如「以聲音部件為中心」的集中識字法，將具有同一聲音部件的字集中學習，由一個聲符帶出一批漢字，譬如以「青」字作為基本字，帶出「清、晴、睛、蜻、菁、靖」等字，建立一個系列，便於記憶。

一、以中國文字的特性分析集中識字教學策略

　　中國文化博大精深，而文字更是中國文化的代表。想研究中國文化的精髓，莫過於從研究中國文字開始，因為無論是它的淵源、成因或是演進的過程，都蘊藏了許多動人的故事，也成就了屬於中國獨一無二的珍寶。而要進入中國文字的世界，登入「識字」的堂奧，又不得不從認識其特色與造字原理開始。（引自黃陶陶，2006）

（一）中國文字的特性

　　中文字與世界各國拼音文字不同，他是以一定的筆畫和構字規則組成的方塊字，中文字是語素文字，本身有意義，具有以字形直接表義的

科學性。（萬雲英，1990）具體分析，中國文字有以下特色（萬雲英，1990）：

1.「音節──字」：

漢字一個字一個音節，而且一個字一個意義，比較單純統一。一個中文字既是一個書寫單位，也是一個意義單位，是形、音、義的統一體，字形簡短、筆劃長短相宜，閱讀時一目了然。

2.以象形字為基礎，具文化特色：

中國文字以象形字為基礎，由獨體象形、合體象形，到會意、形聲，每一個字都賦予意義。

3.意聲結構的形聲字多，容易學習：

漢字的造字方法雖有象形、指事、會意、形聲的不同方法，但形聲就占了百分之七十六。形聲字的特色是一邊表形，一邊表音，在認知上容易了解字義。例如：「木」部的字都與樹木有關，如：梅、桃、李、材、森……讀者可以從字形裡去判斷字義，在識字上，比學拼音文字容易多了。

4.構字規則簡明、形體清楚，容易辨識：

中國文字是正方體結構，形體清楚，即使遠望，也能清楚辨識。中文字都是幾十個不同的筆劃、偏旁部首和基本字組合而成，而且有一定的構字規則和寫字筆順規則。學習者只要掌握這些基本零件和構字規則，就不需一筆一畫死記硬背；並且可以在基本結構基礎上舉一反三、觸類旁通。

5.常用字集中，可組合大量的語詞：

漢字容易組成合成詞，如水牛、黃牛、公牛、母牛……。

6.同音字多，具四聲表義功能：

中文字單音節詞是由聲母、韻母和聲調組合而成的三維模式，具四聲表義特點同一個音節，聲調不同就具有不同的意思，就是不同的詞。由於人類能發出的單音節語音是有限的，如果一個音當一個詞使用，就無法滿足語言交流的要求，因而形成了四聲表義的功能特點。

7.具藝術性：

漢字造字以象形為主，本身就富有圖畫的意義，為了能畫成其物，隨體詰屈，所以在它自然的組合中，就出現了正方體、長方體——等有變化的字。更利用毛筆寫出剛勁、挺拔的字體，具有濃厚的藝術性。

8.字形、字音、字義相互結合：

中文字在世界的文字系統中占有很獨特的地位，它有其他語系所沒有的字形、字音與字義相互結合的特性。以形聲字為例，就是以形旁（通常是部首）來表示它的字義，如以「艸」部為首的字，它的字義通常與「植物類」有關；它的聲旁也都具有表音的成分，如「情」、「晴」、「清」、「請」等字都發與「青」相似的音，也有一些字的聲符兼有表義的作用，而另外形成所謂的形聲會意字，如「淺」、「錢」、「殘」、「賤」等字中的聲旁「戔」也兼有「小」的意義。

認字是將文章中的字，一個一個唸出來，並找到它的意義。要將字一個一個唸出來，讀者必須有字的知識以及中國字「組字」的知識。（柯華葳，2006：52～54）包括：

1. 字形辨識——區辨一個字與其他形狀相似的字；如：辯、辨、辮、辦，在字形上的差異。中國字有許多同音字，有的字形又接近，例如「辯、辮、辨」。有的音同但字形不同，如「望、忘、旺」。詞也是一樣，如「醫生、一生」。

2. 抽取字義——找出字的字義；例如唸出「ㄅㄢˋ」要懂得分辨它是「辦法」的「辦」，而不是裝「扮」或同「伴」的同音字。

3. 國字的組字知識——當我們學習一個一個的國字時，不但字彙量增加，而且逐漸形成一些辨認國字的知識。這些知識與國字組成規則相似。這些組字知識包括：

(1) 大多數國字由部件組成。

(2) 國字布局基本上有上下「密、寶」、左右「打、認」與包含「國、園」三大類。

(3) 字的部件安置規則如「⺌」只置於字的上端，「虫」常置於字的左方。

(4) 有的部件表音，稱「聲旁」，有的部件表義，稱「部首」。

(5) 聲旁如果「表」聲部都念「表」，例如：「錶、裱、俵」。

(6) 部首表義；如「金」部錶與金屬有關，因此「鈽、鉋、鈷」都與金屬有關。

有了「組字知識」後，學生遇到生字如「蹉」，即使你不認識這個字，也大略猜出它的音大概念「踏」，與金屬有關。

從上述文獻中可以知道，中文字具有組合性的文字結構，學生在學習中文字時，字形、字音與字義間無法分開個別教學，需彼此建立整體性的統一聯繫的關係，逐漸習得組字基本規則的能力，進而運用組字規則，去學習其他的新字。因此，本研究中的「集中識字教學法」，就是根據中文字彙的特性，採用基本字帶字歸類、形聲字歸類與形近字歸類等方法，進行生字歸類教學。

二、集中識字教學策略

集中識字教學法源於 1958 年遼寧省黑山縣北關學校的教學改革。這個教學法是將一定量的漢字進行歸類對比，以凸顯文字結構規則。基本方法包含：從基本字帶字歸類、形聲字歸類和形近字歸類三種，透過凸顯字形的異同，使兒童便於分析、比較、分化、辨認和理解，以掌握漢字構成的規律，有利於兒童有效編碼、組合、儲存和檢索。但這種方法的缺點是集中識字的量太多，容易產生泛化、混淆現象，造成兒童的負

擔；而且未將生字放在詞句或課文中進行教學，鞏固性不高，容易造成錯別字的出現。（萬雲英，1990）

　　許嘉芳（2000）說明集中識字法的主要精神在於「集中識字、分步習作」，落實到教學則主張，兒童在學習語文的初始階段，打好識字的四大基礎——漢語拼音、筆畫練習、偏旁部首、基本字。集中識字法從形聲字、基本字組字、部首組字、形近字的比較、反義詞去學一批生字後，再讓這批生字在課文中重複出現，加深對生字的理解。選字注意由簡到繁，講解由近及遠，加強字義的理解和讀、講、寫，則更可收效。發揮集中識字精神所創的教學法很多，以下介紹四常見識字教學法部件識字、基本字帶字、部首識字、詞彙網識字教學法：

（一）部件識字教學法

　　部件識字是透過對漢字「部件」結構的分析進行識字的一種方法，主要基礎是建立在對漢字結構的科學分析。黃沛榮（1996）指出「部件」是書寫的最小單位，介於筆畫和偏旁之間，它可能小至筆畫，如「一」、「／」、「、」、「｜」等，也可能大至偏旁，如「田」、「水」、「口」、「山」、「戈」、「酉」等，這些都是組成漢字的成分，分析「部件」，也就是將漢字化整為零，以供比較；它是漢字組成的零件，解析時必需一致性，學生利用「部件」也可以組合其他的字。

　　大陸學者戴汝潛（1999）將部件識字教材安排為三級結構的程序，就是「獨體字→簡單合體字→複雜合體字」，如：

圖 5-2-1　部件識字三級結構（資料來源：戴汝潛，1999）

戴汝潛（1999）將部件識字教學模式定為：

1. 正音：直呼音節、讀準音調。
2. 析形：利用漢字的筆畫、筆形、筆順和部件分析來感知和記憶字形。
3. 釋義：組詞、說話、利用漢字組構規律聯繫上下文理解字義，學習查字典。
4. 書寫：練習書空、抄寫，熟悉字形、筆順和部件組構的定位、定序。

（二）基本字帶字教學法

基本字是一組字型相近，含共同部件的相似字；透過給基本字加偏旁部首的方法引導學生利用熟字記生字，使學生在掌握表義漢字字型的基礎上，自然而然的理解漢字的形義、形音、義音關係，建立和字形音義的統一聯繫。（呂美娟，1999）

基本字帶字教學時，教師要先揭示基本字（形聲字），讓學生了解它的字義後再帶出一批衍生字，並利用造字法及比較法來使學生更清楚基本字與衍生字之間的關係。如「青」字帶出「清、晴、睛、菁、靜、靖」等字。

第一階段：感知、識記基本字

1. 學習感知、識記基本字

　　石→石頭　　方→方塊、方圓　　月→月亮

　　日→太陽　　目→眼睛　　青→青菜、青色

2. 學習合體字，在此基礎上認識偏旁部首

水＋青→清（清潔……）　　心＋青→情（事情……）　　日＋青→晴（晴天……）

目＋青→睛（眼睛……）　　言＋青→請（請客……）

第二階段：透過抽象、概括得出念和規則加深理解

清	情	請	晴	睛		清	情	請	晴	睛
		↓				↓	↓	↓	↓	↓
		青				水	心	言	日	目

第三階段：把初步得出的規律廣泛使用驗證、推理、判斷、理性知識系統化。

圖 5-2-2　基本字表音、偏旁部首表義的生字教學

（資料來源：萬雲英，1990：143）

（三）部首識字教學法

部首識字教學是一種利用文字學的造字原理，透過對字的「析形、釋義」，加強部首與字義的相關連結，再藉以類化其他相同部首之間的關連性的識字教學法。「部件」與「部首」，具有某些方面的契合。例如常用部件「口、一、人、日、土、木」等，本身就是部首。但是「香」、「鼻」等部首，從字義來說是可獨立成部的；只是就部件檢索來細分，又可分別區分為「禾、日」及「自、田、廾」等部件組合。就部件而言，部首具有很強的規律性。一些基本的結構單位按一定的規則和順序組合在一起，而且出現的位置也極具規律性。例如三點水（氵）大都出現在一個字的左邊（海、河、浪、江、波），且字義都與「水」有關。因此，教師在實施部件教學時，倘若能妥善的運用部首歸類的特色，學生將形成牢固的記憶，並內建為自己的認知內涵。（黃陶陶，2006）

（四）詞彙網識字教學法

學習漢字除了使用基本字帶字、部件、部首識字之外，還可以使用聯想的方法，引導兒童有系統地識字，並且建立個人的詞彙網絡。聯想識字是指看到一個刺激字，然後聯想到其他的反應字。西方學者 Aitchison、Kess 和臺灣學者林千哲指出字詞的聯想有很多種方式，例如：有「語意關係」、「音韻關係」、「句子結構關係」等方式。（引自謝錫金，2000）分述如下：

「語意關係」部分，又可以分為「層次關係」和「非層次關係」：

1.「層次關係」：

（1）「同類關係」的聯想「蘋果」—「香蕉」。

（2）「同屬關係」的聯想「樹根」—「樹葉」。

（3）「部分—全體關係」的聯想「手」—「腳」—「身體」。

2.「非層次關係」：

（1）同義關係有「宗教」—「信仰」。

（2）反義詞的關係「喜歡」—「討厭」。

（3）屬性關係「檸檬」—「酸」。

（4）因果關係「交」—「收」。

3. 「音韻關係」部分：

（1）同聲母關係「於—原」。

（2）同韻母關係「青—經—晶」。

（3）同音關係「中—鐘—終」。

4. 「句子關係」部分：

等詞形關係「吃—過、吃—飽、胃—痛、肚—餓」。

學習個別的單字很容易忘記，利用詞彙網絡學習可以幫助兒童有系統地記憶詞彙。學生看到「學校」一詞可以聯想科目、環境、人物、器材、色彩等到八組詞彙，每一組詞彙又有一系列的詞彙。學生看到「身體」一詞，可以聯想到器官、食物、健康等類別的詞彙。這些詞彙在學生的腦中便會形成詞彙網絡（圖 5-2-2），詞彙網絡可以幫助學生有系統地記憶一組字。採用不同的聯想關係引導兒童聯想識字，兒童可以一邊識字，一邊認識事物的概念和關係。

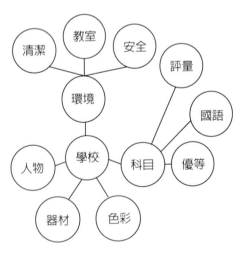

圖 5-2-3　詞彙網

　　黃木蘭（2000）針對花蓮縣國小「教育優先區課業輔導」的教師、學生和家長，透過調查、訪談和觀察的方式探討補救教學的成效，提出為何補救教學叫好不叫座的原因有：這些學科低成就的學生的學習動機不強、補救教學時間安排不適宜、教材不適當、學生缺乏家庭環境的學習支援系統；此外，「炒冷飯」式的補救教學也是補救教學成效不佳的一個重要因素，就是「原教師」將「原教材」以「原教法」重複的教，認為給學生更多的練習就能夠讓學生學會，然而學生所以會有學習上的差異，是因為學生的先備知識不盡相同，對於教學上所呈現的刺激會有不同程度的反應。而這對於國語低成就的新移民女性子女來說，由於他們欠缺對國字的形、音、義認知的先備知識，而導致識字量不足，必須透過有系統的集中識字教學對國字進行部件、部首解碼、比對、歸類辨識和詞彙網絡的連結以增加他們的識字量及詞彙量，進而提升閱讀能力。

第三節　分散識字與聽讀識詞教學

「反覆」與「堅持」之後，柔水終成雕刀。
（席慕蓉語，引自陳慧屏，2005）

　　在閱讀的模式中有「由上而下」和「由下而上」兩種模式，由上而下強調運用已知的經驗來閱讀，所以當讀者遇到不認得的字，是可以透過先備知識與上下文的線索，來理解文意（如：分散隨文識字）；由下而上是強調透過逐字閱讀來整合字義（如：集中識字），因此識字能力是閱讀中相當重要的一項能力。（柯華葳，1999）

一、分散識字教學

（一）分散識字教學意涵

　　分散識字就是隨課文識字的方式，其方法為：分散教，集中練，生字隨課文分散出現，結合課文來教。在識字開始時，注重字音、字形的

教學，然後隨課文的教學將重點移向字義，在「字不離詞，詞不離句」的教學中，字義得以明確。（施仲謀，1994）因此，分散識字是採以文帶字，由上而下的策略。因為詞是語言的單位，單音節的中文字是構詞的語素。雖然中文字各有其獨立的形、音、義，但許多字與另一字組成詞後則各有其相似或不同的意義，所以學生在閱讀時必須借助他們既有的語彙經驗、語詞的識別及相關的背景知識來幫助了解文章及適當的斷詞（曾世杰，1996）

（二）國小實施分散識字教學現況

國內國小國語科的識字教學主要以隨課文分散識字教學為主，在九年一貫課程綱要中且與閱讀、作文、寫字等教學活動混合教學。識字教學活動按規定國小一至三年級為第一階段，識字 1000 字；四至六年級為第二階段，識字 1500 字，總計 2500 字，將漢字分散各個年級完成。於每課課文閱讀和大意理解之後，從課文中導出句子，從句子中認識新詞，再從新詞中認識生字，而生字的教學也大多以部首、筆劃、筆順說明為主。一課未學習的字彙通常為十至二十個不等，透過課文賞析、內容深究、生字習寫、語詞練習、句型練習等基本訓練達成識字的初步階段。較少有系統呈現中文字組的相似相異比較的學習，所以學生較難掌握漢字結構的共同規律。

（三）集中識字教學與分散識字教學比較

分散識字的優點在於以語言情境教學為中心，凸出「字不離詞，詞不離句」的規律，讓學生結合具體語言環境讀準字音、區辨字義。而分散識字教學的缺點則在於一個方塊字孤立教學，新字累積較慢，且不易歸類對比和掌握文字規則。（郝恩美，1999）集中識字與分散識字教學法各具特色，倘若在教學中能交互運用、截長補短必能在教學中發揮效用。

表 5-3-1 集中識字與分散識字比較

識字學習法	特色	實施步驟	識字量	優點	缺點
集中識字教學	將漢字進行歸類對比，凸出文字結構的規則中學習。	學拼音學識字基礎知識（基本字、筆劃名稱、筆順、部首）集中識一批字、閱讀一批課文集中歸類一批字再閱讀課文。	第一年1200字第二年1300字	容易辨認記憶，識字速度及量大，有利兒童發展口頭及書面語言。	未將生字置於課文中學習鞏固率不高，易造錯別字。
分散識字教學	於語文情境中字不離詞、詞不離句的規律中學習。	從文章中析出語句，從語句中比對出語詞，在由語詞中識別生字，生字指導筆順筆畫練習。	六年共2500字	活潑趣味化的方式，寓識字於閱讀中，鞏固識字成果。	文章難編難選教學速度慢，識字量有限，制約兒童能力。

資料來源：整理自林美鳳（2006）

二、聽讀識詞教學

聽讀識詞，在 1984 年時就被提出。從 1987 年起，天津市教科所參與天津市僅自治區教研的實驗。實驗分別在六所小學，十三個班級中進行。其特色是以聽讀為先導，並將聽讀貫穿於整個教學活動之中。聽讀識字的教材、教學方式和教學程序都不同於其他識字教學。

（一）在教材方面

由圖象、文字和配有音樂的朗讀音響三部分組成的。文字是核心，圖象和朗讀音響是其必不可少的兩個組成部分。圖象，是根據課文內容繪製的，每課書都有其相應的一幅圖。

（二）在教學程序分為五個步驟

1. 看圖聽讀：以一篇文章（一課）或一個單元（十課左右的文章），進行看圖聽文活動。每天聽讀一、兩遍，大約持續 10 天或 15 天。

2. 看文朗讀：一面看課文，一面聽讀。幫助兒童將視線從圖畫轉向旁邊的文字，使朗讀的聲音與書面文字對照起來。

3. 看文跟讀：兒童跟著朗讀錄音一塊讀。從斷續的、輕聲的，到連貫成句、大聲朗讀。跟讀的過程，就伴隨著認字的過程。此階段只在認字，並不要求書寫。

4. 讀寫識字：在聽讀的基礎上分析字形，如：偏旁、部首和字體的結構，使兒童了解字形結構，並進行字形的書寫活動。

5. 識字應用：運用讀寫的字聯詞造句。聯詞造句，分為模仿聽讀材料中的聯詞造句和創新的聯詞造句。透過這種過程理解聽讀的內容，同時也提高使用詞彙的能力。

（三）教學優點（史榮光，1991）

1. 聽讀識字使識字課從苦學變為樂學。

2. 識字量比現行統編教材有明顯增加。

3. 可促進語言能力的明顯提高。

4. 兒童學到標準的發音。

5. 促進兒童思維能力的提高和發展。

6. 減輕老師和學生的負擔。

從以上識字教學理論來看，識字教學法對低成就兒童的識字能力大多具立即和短期保留的效果，顯示這些識字教學法能提升兒童的識字和辨字能力。各種識字教學法仍具有若干共通處，只是不同的教學法所強調的重點不同；但都能夠提出具體可行的教學步驟。因此，在設計識字教學時，應注意教學步驟的邏輯、有系統和可行性，除了能夠讓教學更為有效，也可讓兒童藉由有結構的教學，從中習得識字的規則與策略。

三、識字困難兒童在識字上的錯誤類型

兒童識字困難在中文的錯誤類型分析，可分為兩大類：一類是書寫錯誤組型；一類是唸音錯誤組型，兩種輸出方式不同，其錯誤組型也有差異，以下略加說明（黃秀霜，1998）：

（一）書寫錯誤組型分析

中文字書寫錯誤基本上可分錯字及別字。錯字是指寫出不正確的字，別字是指誤寫成其他字，說明如下：

　1.錯字類組：

（1）增減筆畫：由於增加筆畫或減少筆畫所造成的錯字，如「江」寫成「工」。

（2）自己創造：將所學的筆畫重新組合成錯字，如「游」寫「放」。

（3）音似：所寫的字與目標字的音相似。

（4）部首錯、聲旁對。

（5）部首對、聲旁錯。

　2.別字組型：

（1）混淆相似之字形、字音或字義字形相似而造成混淆：如「刻」寫成「孩」；字音相似（或同音）而寫成別字，如「踩」扁寫成「採」扁；字義相近而寫成別字，如「聲」寫「聽」。

（2）上下文字顛倒使用：上下文曾出現過的字，因不能肯定哪一個字而誤認，如睡「覺」寫成睡「晚」。

（3）詞中前後兩字位置顛倒：將詞的前後兩字位置顛倒而成別字，如「類型」寫成「型類」。

（二）唸音錯誤組型分析

錯誤組型反應受試者唸讀時所採用的策略，共分八類，說明如下：

1.字形混淆：

(1) 形似字：如將「永」字誤為「水」，而唸出「ㄕㄨㄟˇ」的音。

(2) 部件相同者：錯誤的字音與目標字有部件相同，而產生的混淆，如將「漂」字誤為「標」，而唸出「ㄅㄧㄠ」的音。

2.字音相近：

(1) 調值錯誤：如將「永」唸成「ㄩㄥˋ」。

(2) 聲韻類似：所唸的音與目標字相近，如將「ㄉ」唸成「ㄇ」，將「ㄅ」唸成「ㄆ」。

(3) 省略音：將介符省略，如將「ㄅㄧㄠ」唸成「ㄅㄠ」。

(4) 增加音：增加介符，如將「ㄅㄠ」唸成「ㄅㄧㄠ」。

3.字義相關：

唸錯音與目標字是上下連詞或字義相近，如將「然」字唸成常見詞「雖然」的「ㄙㄨㄟ」。

4.字形加字音混淆：

將目標字誤為一字，又將該字唸成音誤，如將「淳」字誤為「亨」，唸出相近音「ㄏㄥˊ」。

5.字形加字義混淆：

將目標字誤為另一字，而唸出與該字上下相連的另一字，但其音有誤。如將「淳」誤認為「享」而唸「ㄕㄡˋ」。

6. 字音加字義混淆：

將目標字唸成上下相連的另一字，但它的有誤，如將「垃」字唸成「圾」，而把音誤唸成「ㄙㄜ」。

7. 字形加字音加字義混淆：

將目標字誤視為另一字形相近的字，再聯想另一上下相連的字，但誤唸它的音。如將「揉」字誤視為「柔」字，聯想柔軟的「軟」，而誤唸「ㄌㄨㄢ∨」。

綜合近年來中文字錯誤類型分析，識字困難學生不只是單純在字形、字音、字義上的辨識困難，還呈現交叉混淆現象。所以本研究生字詞彙補救教學將充分利用中文特性，先採用隨文識字策略，從上下文的關係猜測字或詞的意思，再歸類連結字形、字音、字義的關連性，採集中識字策略從形聲字組字、形近字帶字、部首組字分析、歸類、對比凸顯和字的特性，並擴大詞彙網增加詞彙量，加深對生字詞彙的理解與鞏固；並於課文理解後，實施聽讀識詞教學於課前朗誦課文並作聽寫練習，加強聲韻覺識及聲韻轉錄的能力。集中識字教學法在充分發揮集中歸類、分析對比教學時，倘若兼以分散識字教學法「字不離詞，詞不離句」的優點，選字注意由簡到繁，講解由近至遠，加強字義理解及讀、講、寫；聽讀識詞以朗讀流暢性加速自動解碼能力。相信對新移民女性子女的識字量不足及字形、字音、字義辨識不清的問題，必能解決以見補救的效果。

第四節　生字詞彙補救教學方案設計

進步：敢於面對現實，勇於承擔責任的人，將會不斷進步，受社會認同。

力量：知識被付諸實施後，才會變成力量。

生命：生命不在乎長短，在乎是否活得充實，是否活得精采！（劉金實，2006）

曾經聽過一則笑話：「有位老師將『無聊』解釋成『愁悶不快樂』，並要求學生死背字句。有一次作文課，題目是〈給父親的一封信〉，結果某生的作文，有一段內容是：『老爸：我第一次月考考不好，第二次月考時，我一定考好，請老爸不要『無聊』。』」這是死背文字解釋，似懂非懂應用錯誤的例子。在教學現場最常見的是對於生字的誤用，錯字、別字滿天飛，詞彙張冠李戴，因此造就了很多茶餘飯後的笑話。

一、生字詞彙補救教學設計理念

生字詞彙是閱讀和寫作的基礎，在我們的生活裡商店招牌、廣告、電視、商品說明……到處都是小朋友識字的機會，但是中國字數量多、字形複雜，又在多音字、形近字中充滿變化，容易混淆。因此，我建議透過巧思，以活潑生動多變化的活動，讓學生在有趣多變的教學中，體會中國文字的雋永和深刻。

閱讀的歷程包括基礎解碼技能（聲韻覺識、語音、詞彙、流暢性）及閱讀理解。識字教學最終目的就在於促進詞彙解碼自動化，以增進閱讀理解。為了避免教學法的缺失，擬採用上下訊息交互運用，集中識字與分散識字兼用的平衡取向識字教學；將同屬性的字組於文章中抽取，運用集中識字的原理原則，擴充字詞彙量，並透過課文深究以增進對詞彙文意的理解。

不論是形聲字、部首、偏旁歸類，由於漢字系統的轉變，使得部分偏旁已不具表義或表音功能，或因為部首或基本字的數目有限，許多常用字無法依據規則歸類，甚至有些聲符、形符、部首或基本字筆劃複雜，是低能力識字學童的記憶負擔。因此，產生在教材編輯設計及教學時無法僅使用一種字彙歸類原則來歸類，我認為應更彈性運用文字辨識單位來進行分析與教學。

116

二、生字詞彙補救教學教材舉隅

表 5-4-1　生字詞彙補救教學教材舉隅

主題	與其終身遺憾，不如盡力改善
教材來源	《壞事沒你想的那麼壞》（楚映天編著，2007：34-35）
教材內容	一位老乞丐獨自在山中挖隧道，已經挖了十年歲月。 　　有一天，一個年輕人突然現身在山谷中，手上拿著一把亮晃晃的彎刀，一個跨步將它架在老乞丐的脖子上。 　　老乞丐長長地嘆了一口氣，鎮定的對年輕人說：「你終於來了，我知道你早晚會來找我的。」 　　年輕人兩眼血紅，憤怒地說：「十五年了，你以為躲到這深山裡，我就找不到了嗎？殺父之仇，不共戴天！現在，你還有什麼話要說？」 　　老乞丐垂下頭，溫和地說：「我罪有應得，無話可說。但是，只求你一件事，請等我把隧道挖通後再殺我。」 　　年輕人冷笑說：「這又是為什麼？」 　　老乞丐語重心長地說：「當年，我殺了你的父親，你母親也因此而自殺。你母親死後，我深感罪孽深重、悔恨交加，立志要做一件大善事彌補我的罪孽。 　　你看見了，這座懸崖阻斷了山後這個小鎮的出路，人們來往，得從懸崖上經過，既費時費力又危險，還摔死過不少人。因此，我決心在崖下挖一條隧道，供人們行走。我已經挖了十年，再過兩年就可以挖通了。」 　　年輕人說：「這樣一來，我不是還要等兩年才能殺死你？」 　　老乞丐說：「你已經等了十五年了，再等兩年又何妨？讓我做完了這件事，也是一件大功德啊！」年輕人想了想，同意了。 　　老乞丐自知時日不多，更加勤奮的挖隧道。渴了，喝口清泉；餓了，吃個野果；體力實在不支時，才去鎮上討糧食。 　　漸漸地，年輕人對他的頑強意志產生了敬佩之情。他年輕力壯又閒著無事，就幫著老乞丐運土抬石。 　　那天，他見老乞丐累得氣喘吁吁，就要接過鋤頭來挖土。老乞丐指著他的彎刀笑道：「君子善於利用器具，這把刀用來挖土也無不可。」 　　年輕人一試果然能用，於是便以刀為鋤，幫著老乞丐挖土。

	有一天晚上，年輕人被一條毒蛇咬傷腳趾，昏迷不醒，老乞丐用嘴吸出毒血，敷上草藥，細心照顧他。兩天後，年輕人才醒過來，不解地問：「你為什麼不趁機殺了我？」 　　老乞丐笑了：「殺了你，誰來為你父親報仇？」 　　有了年輕人的幫助，隧道提前一年挖通了。老乞丐[盤膝]坐在洞口，微笑著閉上眼睛說：「動手吧！孩子，為你父親報仇的時間到了。」 　　年輕人[遲疑地]舉起了彎刀，可是他的彎刀已經被磨成了一根沒有[刃口]的鐵條。年輕人突然扔下彎刀，伏地痛哭。 　　老乞丐[睜開眼]問：「孩子，這一天你等了十六年，怎麼還不動手？」 　　「你是我的老師，學生怎麼能殺死自己的老師？」年輕人哭著說。
教學成分	1.生字：挖、隧、晃、跨、嘆、鎮、孽、彌、摔、吁、慣、悔、恨、喘。 2.詞彙：挖隧道、亮晃晃、跨步、嘆氣、鎮定、不共戴天、語重心長、罪孽深重、彌補、阻斷、摔死、時日不多、憤怒、頑強意志、氣喘吁吁、盤膝、遲疑地、悔恨交加。
教學策略	1.【活動一：生字大觀園】採用分散隨文識字法。 2.【活動二：我們都是一家人】採用集中識字法。 3.【朗讀課文、聽讀寫】採聽讀識詞法。 4.一堂課的生字詞彙教學所能運用的教學策略有限，這裡僅是舉例，在教學現場，不同的生字詞彙教材，將採用較彈性的策略進行。

三、生字詞彙補救教學活動設計說明

　　本章生字詞彙補救教學兼採分散隨文識字法、集中識字法及聽讀識詞法，隨機運用。以分散識字教學在語言情境中進行，使生字及新詞能在情境中模擬運用，增進閱讀理解。集中識字教學於單元複習時擴充學生生字及詞彙量，聽讀識詞教學於每堂課課前或課結束前聽讀寫練習，以加強符號解碼技能，並重複練習達解碼流暢及自動化的境界。

　　每週六節的國語課，生字詞彙教學只能分配到短短的一節課，實在不足，六年級兒童需靠課後自學才能達成學習目標。識字對於閱讀的重要性，已於前述，新移民女性子女對於閱讀的基礎練習需加重輔導，才

能同時補救生字詞彙與閱讀。所以利用晨光時間或課後輔導，增進字詞量在所難免。

【活動一：生字大觀園～分散隨文識字】

(一) 教師領讀課文，摘取全課大意之後，師生共同討論圈出本課新詞，新詞中析出生難字。

(二) 生字教學：學生於課前自製生字卡（新移民女性子女由老師於課後輔導完成）：

　　1. 目的：

　　(1) 擴充對生字、語詞量及認識的能力。

　　(2) 培養自學能力、合作學習態度。

　　2. 內容：包括生字、注音、筆劃、部首、詞語、解釋、造句、插圖。

(三) 學生課堂發表，教師補充：

　　1. 生字──字形字音字義說明：

　　(1) 部件口訣，例：晃「上日加下光」。

　　(2) 正確唸出發音。

　　(3) 寫字練習：筆順、筆劃。

　　(4) 說明部首與字義的關係。

　　2. 詞語：

　　(1) 課本詞語解釋：以圖卡、動作、實物──輔助說明。

　　(2) 造詞：擴充詞彙量。

　　(3) 造句：以課本語詞造句。

　　3. 小故事大家說：分組合作，鼓勵學生運用課文生字詞彙，完成短篇故事，以增進生字詞彙運用的穩固性。

　　4. 老師鼓勵每位小朋友上臺秀一秀，以獲得成功經驗。

【活動二：我們是一家人～集中識字教學】

(一) 生字歸類：

　　1. 分析本課生字將部件、部首、音韻……相同者歸類。

　　2. 目的：

　　(1) 透過歸納相同部件，分辨形近字。

（2）透過歸納音韻，分辨近音字。

(二) 適用時機：一個單元（3課）結束後複習，讓小朋友溫故知新。

四、九宮格形近字帶字

(一) 將「非部首」文字放置九宮格的中心格，周圍加上不同的「部首」後形成另一個相似字，經統整歸納後，就成為「衍生詞」，學生可造詞、造句，深化練習。

(二) 目的：

　　1. 透過歸納相同部件，分辨形近字。

　　2. 透過歸納音韻，分辨近音字。

(三) 適用時機：每課或每單元結束後，複習之用。

五、生字詞彙教學活動設計

(一) 教學單元：與其終身遺憾，不如盡力改善。

(二) 教學對象：六年級 12 位學童。

(三) 教學時間：共一節 40 分鐘。

(四) 教學目標：

　　1. 透過相同部件分析組合，以分辨形近字、近音字。

　　2. 運用中國文字特殊結構分析，辨識字音、字形、字義。

　　3. 寫出正確流暢的筆順和筆劃。

　　4. 擴充生字及詞彙量。

教學活動名稱	教學活動內容	時間	分段能力指標	十大基本能力	評量方式
活動一：生字大觀園	一、準備活動 　　教師：字卡、詞卡、活動學習單、投影片、投影機。 ◎分散識字教學 二、發展活動 　(一) 學生默讀 　(二) 摘取大意 　(三) 生字教學－生字卡 　　1.隨文抽句→句中析詞→詞中析字。 　　2.課後自製生字卡： 　　　分配每位學生一個生字，學生課前查字典，自製生字卡內容含：生字、注音、筆劃、部首、解釋、造詞、造句。 　　3.課堂發表：介紹生字卡內容。 　　4.表演：利用語詞所造的句子，演出句中情境。 ◎聽讀識詞教學：於每堂課前看文朗讀，並穿插聽詞識字教學。 　　5.學習牆：將個人自製生字卡投影片，或海報陳列於學習牆，提供孩子欣賞與學習。 　　6.獎勵：集點換獎品。 作業學習單：小故事大家說 　　1.編輯： 　　　小組合作運用本課語詞，編一個小故事，寫於作業單上。 　　2.課堂發表：說故事或表演方式發表。 　　3.獎勵。	15	D-2-2-3-1 會查字典，並能利用字辭典，分辨字義 D2-1-1-1 能認識常用中國字	九、主動探索與研究 四、表達溝通與分享	自製投影片或海報

活動二：我們是一家人生字大觀園（分散識字）	小故事編輯範例： 　　在一個炎熱的放假天，廚師拿了把亮晃晃的菜刀，準備今天的料理，預計今天會是個忙碌的一天，幾個小時後，客人會如潮水般湧入。這時廚師的女兒，氣喘吁吁衝進門，說：「不好了！爺爺騎車經過隧道時發生車禍，可能摔死了！」廚師嘆口氣，一個跨步衝出門外，來到出事現場，見父親躺在地上一動也不動，於是雙膝落地，悔恨交加，深感罪孽深重，如果早上能答應父親的要求，載他一程，如今也不會落到無法彌補的地步。 ◎集中識字教學 (一) 熱身活動──文字接龍 　1. 老師先選一個新詞當頭。 　2. 學生以頭接頭方式接下去，如：跨步的步步行的行行動的動。 (二) 部件分析（部首釋義、字音音韻）分辨形近字 　1. 分一分： 　　　本課生字卡張貼於黑板分組討論生字分類的方法。 　2. 一家人： 　　　各組推派代表到臺上說一說本課生字分類方法？為什麼？ 　　　例如：嘆、喘、吁為一家人，都是口部。 　　　憤、悔、恨為一家人，都是心部。挖、摔為一家人，都是手部。 　3. 動動腦：	5 20	D2-1-3-2 能利用簡易造字原理輔助認字裏解字義	五、尊重關懷與團隊合作	分組故事編輯 團隊合作態度

教學活動	能力指標		評量方式

老師將本課最常出現的部首：口、心、手寫在黑板上，分組比賽，各組在白紙上寫出認識同部首的字，越多越好。示例如下：

		D-2-3-2-1 能流暢寫出美觀的基本筆畫	三生涯規劃與終身學習	同部首識字量
口	嘆、喘、吁、叨、叩、叫、呼、呲、咤、吃、吭、吹、吻、吼、吠			
心	憤、悔、恨、忘、忙、快、志、忢、怒、怍、怕、思、怡、性、怨			
手	挖、摔、打、扒、扔、托、扠、扭、扳、扛、扣、扶、把、技、抓			

◎作業練習單

1. 九宮格：
    將「非部首」文字置於中心格，讓學生加上另一部首，形成另一相似字。
2. 發表、展示。
    九宮格形近字帶字圖示說明如下：

		D2-1-1-1 能認識常用中國字擴充及運用詞彙		作業學習單 口頭發表

銀色	狼毒	
銀	狼	艮
根	艮	恨
跟	痕	很
腳跟	痕跡	

悔恨

圖 5-4-1　生字詞彙教學活動設計

第六章　聆聽說話補救教學

> 「老師、各位同學大家好，今天我要演講的題目是……」然後就是講不下去的尷尬場面，站在講臺上直到時間到，才無地自容的下臺。(傅素君，2001)

　　這是大部分國小學童上臺說話的慘狀，說話原本是一項極為容易的學習，因為嘴巴長在自己臉上，它的基本功能本來就是「說話」，但是當我們在一些正式的場合中，想要有條理敘述所見所聞，針對問題提出自己的想法，卻常是有口難言。由此可見，平時「說話」練習是件多麼重要的事。

第一節　概說

一、聆聽說話教學的重要性

　　一天二十四小時，一年三百六十五天，人只要睜開眼就離不開聽和說，拜科技之賜，聽和說的活動已經無遠弗屆，不再受時間和空間的限制，透過視訊，遠在千里之遙也能利用聽與說來溝通。應徵工作面試時的口語表現是決定錄取與否的關鍵，可見在日常生活中利用聽說的機會遠比寫還要多，還要重要，但是我們對於聽說的學習，卻很少受到重視，未被視為一種必須的技巧來訓練。

　　長久以來，我們的教育存在著考試領導教學的陋習，聆聽和說話未列入考試，於是重視書面語而輕忽口說語；而部分教師也誤認為，聽力是與生俱來的，沒有訓練的必要，更遑論鑽研有關聆聽和說話的教材和

教法了。九年一貫採統整課程，模糊了聆聽與說話課程，而它們又屬於不考的範圍，於是部分老師就順理成章的在教學過程中忽略了它，或把教學時間儘量減少，以挪作他用。

人與人之間的溝通存在很多的誤會和矛盾，常常都是由於言者諄諄而聽者藐藐，有時是因為聽者斷章取義、歪曲本意；有時是因為說者言不及義、說不明白而造成的。處於現今社會如果能夠學習聆聽及說話技巧，相信很多的誤會或問題就能迎刃而解了。聽往往比說還要重要，大部分的人都是沒有耐心聽別人講而搶著說，但是你終究會發現，人際關係好的人卻是個善於聆聽別人意見而合宜表達的人。新移民女性子女所以造成學校適應的不良，普遍缺乏人際語言溝通的能力，正是主要原因之一；倘若能於課堂強化聆聽說話教學，必能增強他們表達的自信與能力，以達補救的效果。

二、聆聽與語言學習的關係

由於聆聽和說話憑藉聲音和聽覺辨義，而且在生活情境中語意的解讀因時、因地、因人、因事而有差異，如果聽錯了「失之毫釐，差以千里」。

聽、說、讀、寫是語言發展的四個進程。從一出生，嬰兒就不斷接收聽覺的刺激，以作為日後說話的準備。聽覺刺激的豐富與否，與日後說話表達的能力發展息息相關。

（一）兒童的語言發展

語言在人類發展的符號系統中占重要的地位，兒童大部分時候透過語言來學習事物、與他人溝通，表達自己的想法。人類透過語言、文字等符號系統的操弄，使簡單的記憶變得邏輯化和系統化。（李詠吟，1998）因此，語言的學習顯得格外重要。

國小高年級學童正處於認知心理學家 Piaget 所說具體運思期和形式運思期之間，語言的運用能考慮到他人的立場和觀點，成為兼具溝通和

思考的工具。(引自林文寶，1995) 兒童隨著年齡的增長，對於抽象的語言理解及應用能力越來越強。

（二）聆聽的意義

「聽」的過程是一個接收、理解、儲存語言訊息的循環往復的過程。語言的接收主要指對語音的感知和辨析；理解是指對所表達的意義的分析、領會；儲存是指言語訊息被大腦理解後進行編碼和記憶；彼此間相互交織、協同作用。正確的理解反過來又促進了對言語的感知，同時只有理解了才能產生更有效的記憶儲存。

1. 聆聽的歷程：

Standford.E.Taylor 曾用一個圖式來說明聽話的三個主要過程：

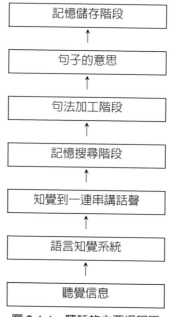

圖 6-1-1　聽話的主要過程圖

（資料來源：王玉川譯，1965）

按照這個模式，聽覺符號由言語知覺系統分析為一連串知覺到的講的聲音；然後這一連串聲音又得到句法的分析，詞彙的搜尋辨明了每個詞的意思，而句法加工則辨明了詞義間的聯繫，句法加工的輸出便是句子或分句的意思，意思最後被儲存在記憶中。

聽話時，大腦皮層上只能有一個興奮中心，如果同時有兩個以上的興奮中心，那就會出現聽話分心或走神的現象。因此，聽話時注意力及思維的指向性要高度集中，並且要求說話人有恰當的語速和停頓，句子也不宜過長，否則就容易造成聽話失真的現象。

2.聽力的理解：

語言輸入的主要途徑是聆聽和閱讀，是人們從外界接受語言訊息的重要手段，聆聽更是訊息接收的重要途徑，聆聽力理解是聽者積極運用語言知識和非語言知識（情境知識）對所聆聽的訊息進行吸收和處理、正確理解說話人要表達的意義，以獲得對話語的整體理解的過程。（張鴻苓，1998）簡單的說，聆聽力理解就是對聲音訊息的正確解碼歷程。

（三）說話的意義

根據教育部國語推行委員會（1995）於《重編國語辭典修訂本》中提到語言是「人類用嘴說出來的話，由語音、語彙和語法所組成，是表情意、傳遞思想的重要工具」。語言可以用來交流溝通，表達思想和情感，是人類遇到困境解決問題時幫助思考的工具。藉由口語形式傳播的語言，在人類文明的發展歷程中來表情達意、和他人交際。謝國平（1998：8-10）提到口說語和書面語無論就傳播方式或產生過程多少都有所差異。口說語的特點歸納如下：

1.由聲音傳遞：

語言藉由聲音來傳遞，比書面語從下筆到被讀者接收歷程來得快速，這種便捷性幾乎與說話者釋放的訊息幾乎同步進行。說話者的說話

聲音、速度、音量、語氣、表情會直接影響說話的品質，及接收的理解。這正是口說語言在表現上具有書面語所沒有的豐富性。

2. 現想現說：

口語表達須在很短的時間內形成思路，同時選擇表達的內容和形式，許多時候是邊想邊說，與書面語比較，較少修飾。雖然沒有書面語來得精鍊，但是與說話者當時的心理語言相去不遠。

3. 需配合時空對象：

說話者和聆聽者在同一個特定的具體情境下直接溝通，所以說話者需配合時空環境與對象，不斷調整自己說話的內容及態度，隨機應變，這是口語表達具有的靈活性。

（四）聆聽與說話的關係

1. 從語言發展的階層觀點來看：

口語可以分成兩個主要成分：「接受性語言」與「表達性語言」。由語言溝通的觀點來看，「聽」屬於接受性語言；「說」則是屬於表達性語言，接受性語言是表達性語言的基礎。就學習而言，接受性語言具有關鍵性的影響力。（林寶貴、錡寶香，2000）張蓓莉（1987）也認為，聽覺正常的兒童，會先發展聽覺性的接收與表達能力，進而發展視覺性的接收與表達，於是語言發展的任務，隨著年齡的增長便自然而然順利完成。

由以上說法，可以了解語言的學習順序，是先「聽」再「說」。「聽覺刺激」乃是語言發展的基礎，在語言學習中扮演不可或缺的角色。語言的學習有賴適度的聽覺以接收訊息，也有賴聽覺歷程所接受到的訊息，進行意識性的理解。（林慧芬、林宏熾，2000）

2. 從語言的模仿學習觀點來看：

美國心理學家 F.Allport（1924）首先提出語言從模仿而來的觀點，假使一個人無法模仿，好比一個耳聾的人，他無法感受聲音，無法模仿，就不會說話，這也就是啞巴多因耳聾的關係。（引自張春興、林青山，1981）

羅秋昭也認為（1997）語言的開始是源於模仿，專心聽話可以加強說話的能力，聽話是對知識的吸收，而說話是對思想的表達。人類的認知從「聽話」開始，指導兒童聽話也就是學習的開始。

3. 從語言的全腦學習觀點來看：

莊淇銘（1999：126）在他的《神奇的語言學習法》一書中提到，腦的兩邊通常是一起工作的。人腦中，左腦控制右手，稱為右利，長久以來因為右利者居優勢，人們常常重左腦而輕右腦的開發，事實上許多特殊的功能如音樂、旋律、圖片、想像多由右腦所掌管，腦的兩邊通常是一起工作的。

魏瑛娟（2005）在他的研究中提到：為了增強學習能力，面對外在的環境，視覺、聽覺的潛能開發，將有助於我們面對外界的感知能力，人類在自然學習語言的過程中，就是靠「聽覺」、「視覺」來吸收，並學習「說」，進而學會正確使用「語言」。聆聽是關係到記憶的重要元素，人類的聽覺敏感度遠遠超乎視覺之上，聽覺細胞也能任意篩選，並傳達到大腦。讓左右腦同時運作，能快速提高學習效率。

楊惠元（1996）在《漢語聽力說話教學法》中列舉聽和說的關連如下：

1. 聽和說同屬於口語交際行為。
2. 聽和說是兩個相反的運動過程。
3. 「聽」是輸入訊息，「說」是輸出訊息。
4. 「聽」與「說」可以連結，循環不斷的作用。

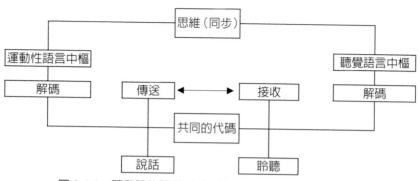

圖 6-1-2　聽和說的關聯圖（資料來源：楊惠元編，1996）

　　傅素君（2000）提到國語文學習活動包括耳聽、口說、目視、筆寫四種方式。其中耳聽、口說固然是說話教學，而目視、筆寫也是話語的代號，筆寫文章一定要有可說的話，才會有可寫的話。可以了解聽說讀寫彼此的關係密切，讀書是讀別人寫下來的話，寫作是寫下自己要說的話。文字的產生是在語言之後，文字是語言的結果。國語文聽說讀寫等學習活動以說話為中心，先把說話教好，其他的學習活動才能達到功效（圖 6-1-3）。

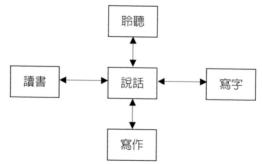

圖 6-1-3　說話教學關係圖（資料來源：傅素君，2000）

　　由以上論述可知，國語文聽、說、讀、寫四大能力聽是說的基礎，讀是寫的基礎，聽說也是讀寫的基礎，而聽說的發展在前，讀寫在後。

聽說使用的是口頭語言，讀寫則運用書面語言。不管從語言的起源發展過程來看，或者從語言的結構和功能來看，四種能力相互作用，也相輔相成。另外從教學實務上來看，雖然學習時各有注意的重點，但是很少學習是單一進行的。在教學時應該聽說讀寫並重，以口語訓練為基礎，用閱讀寫作來促進聽說能力的發展。當四種能力協調發展時，才能提升學生的思維能力，達成語文學習的總目標。

三、影響新移民女性子女聆聽說話能力的因素

新移民女性子女因家庭社經地位低、家中國語文學習資源缺乏、母親看不懂中文、父母對子女教養態度及教育投入低，影響國語文成就的表現。根據張淑猜（2005）研究發現，新移民女性子女學習國語文的好壞最主要在於家長對孩子課業關心的程度、父母的語言教育及孩子的學習態度是否積極；並非所有新移民女性子女的國語文學習一定不好，部分家庭社經地位較好、父母對孩子的關心和教養態度有一定的關係。張淑猜（2005）研究歸納造成部分新移民女性子女聆聽、說話學習的問題如下：

（一）注音符號的學習

如果孩子沒上過幼稚園，容易產生發音和聲調的問題，母親的語言用語及語言聲調在平日潛移默化之下，深深影響子女發音、聲調及語言學習。造成孩子因口音或用語不正確而沒有自信在班上暢所欲言。

（二）造句、照樣造句和語文修辭能力較弱

如果母親看不懂國字，無法說流利中文，無法解答課業問題，父親又因工作忙碌，無法給予課業指導，那麼新移民女性子女在口說能力方面，使用的詞彙較少。造詞及造句能力差，對詞義一知半解，無法順利完成造句。

（三）聆聽的表現

如果在家父母很少陪他對話，文化刺激不足缺少學習機會，在聽的方面較薄弱，無法完全理解老師說什麼。上課常發呆，不知道現在講第幾頁，學習效果很差。

（四）閱讀及認字的表現

認字能力差，影響閱讀速度，及閱讀理解能力，常有漏字、改字唸或加贅詞情形出現。學習內容有限，也是造成口語表達困難的原因之一。

從以上研究可知，發音、詞彙量、語法、認字、文化刺激不足都會影響新移民女性子女口語表達的因素，聽、說、讀、寫相互不協調下，造成國語文能力的低落，所以如果要新移民女性子女的國語文補救教學有所成效，正需要聽、說、讀、寫全面性的加強。

第二節　聽說演故事教學

> 有一回在班上說故事，活動後有一位小朋友跑到我面前說：「老師你說故事好好聽喔！」我問：「為什麼？」「因為你說故事好像在演戲。」我忽然明白，說故事不能只是說故事而已，故事人在臺上必需說演俱佳，以戲劇表演的方式流露出來。（子魚，2007：10-11）

一、聆聽說話教學長期以來被忽略

學校的教學常為人詬病，被認為教學內容與事實的知識缺乏應用的連結，學生習得的知識沒有足夠在生活中運用的機會。聆聽說話教學是最能培養學生學習與生活經驗連結的能力，雖然在大部分的教學活動中，學生的聽說隨時在進行，但是開展另類課程，活化或深化讀說能力訓練的教學卻少之又少，儘管聆聽說話能力在生活中是如此的重要。

　　說話教學在國語文教學時不但未能與聽、說、讀、寫密切配合，也未能與日常生活及其他科密切聯繫，當然更談不上任何說話的運思與技巧指導。事實上，國小階段正是語言學習的最佳時機，倘若能掌握對日後的學習有莫大的幫助；可惜長期以來並未落實，導致學生在口語表達時，只見名詞及零碎片段描述，毫無條理，結結巴巴、上下不連貫，不知從何說起，口語表達能力欠佳。（傅素君，2000）

二、聆聽說話教學能力指標

　　九年一貫課程中強調多元能力，將「表達、溝通與分享」列為基本能力指標之一，期望能培養出表達得宜，擅於傾聽及與他人溝通的學生，足以發現當前的教育已越來越重視學生說話聆聽能力的培養。以下列出九年一貫聆聽與說話能力指標檢核重點：（教育部，2003）

（一）聆聽

1. 認真思考別人講話，並有自己的想法。
2. 認真思考別人講話，並找出內容精華的地方。
3. 聽不同媒材記錄下要點。
4. 用歸納方法理清說話者的內容。
5. 聽不同媒材記錄所吸收知識，豐富詞彙。
6. 聽不同媒材作出評斷和分析。

（二）說話

1. 當面講述見聞，並能提出自己的問題。
2. 當眾發表自己的意見和感想。
3. 針對問題提出自己的看法。
4. 有重點有條理敘述所見所聞。
5. 簡要複數課文。
6. 創造性複數課文。

　　具體來說，有意義的說話之前，需先具備良好的聆聽態度與能力，才能進展至說話，認真聽清楚並思考別人說話的內容，歸納分析說話內容後提出自己的想法。說話能力第一階段強調發音要正確，速度適中，自然說出標準國語，使用正確的語詞、完整的句子、清楚口述一件事，表達意見時要能掌握主題。第二階段說話能力除了延續第一階段，也根據學生的發展加深加廣，能與他人交換意見，簡要說明所見所聞；運用適當的音量、語言與人理性溝通，展現風度、說話負責，針對問題提出自己的看法或疑問；討論問題能提出解決的方法，並且有調理有系統抓住重點說話。

　　說話是一種綜合能力的表現，不但講求發音正確、意思精準、姿態恰當，更理想的是要展現有條理有系統的思維，這樣才是有意義的口語表達，否則只是空泛的聲音。

三、聽說演故事教學原則

以下歸納鄭麗玉（2000）、馬行誼（1997）提出有關聆聽說話教學的原則：

(一) 選擇適中的教材，一次教一、兩個策略，然後有許多練習和提示，會較有效。教師藉放聲思考為學生示範策略。

(二) 將聆聽教學統整於平常課程中，聆聽教學應伴隨其他語言形式一同學習。在做有關聆聽教學計畫時，可與閱讀、說話、寫作組合成連貫性的學習活動。

(三) 盡量提供不同類型聽說的經驗，變化聆聽說話經驗。

(四) 教學進行時，可以使兒童感受到其他語言線索（如聲調和重音）和非語言線索（如姿勢和面部表情），以建構意義。

(五) 實施聆聽說話教學應注意活動連貫性，並於每次活動前，都要設定主題及中心概念，以維持學生高動機。

根據鄧美君（2004）闡述說話教學設計主要依循的原則如下：

（一）興趣需求原則

興趣是兒童學習動機的來源。教師在說話教材選擇上最好有人、事、時、物等連慣性情節，使學生方便記憶，語詞、語法必須明白易懂。活動安排可採多樣化，生動活潑較能吸引兒童主動參與。

（二）共同參與原則

說話訓練不是培訓演講、朗讀或辯論比賽的人才，而是提升學生整體說話能力。說話教學設計要考慮到以兒童為主體，讓全班兒童共同參與，才能提高兒童的學習氣氛。

（三）循序漸進原則

說話教學必須秉持「循序漸進，由淺而難、從簡單到複雜」的原則，先由日常生活中的口語表達或實際經驗為題，讓兒童無拘無束的表達自己的想法，能力增強後再提高難度。

（四）因材施教原則

教師在進行說話教學活動時，應注意兒童的個別差異。內向害羞的兒童，可要求他上臺說一些簡短的內容，或允許他看稿說話，給予多一些讚賞與鼓勵，使她們自信增加而願意說話。

由以上選材原則來看，為了協助新移民女性子女發展聆聽說話技巧，需透過有趣的聆聽說話教材促進聆聽說話能力；以循序漸進從看稿開始或簡短說話至提高難度，活動設計以多樣化交替運用為原則，藉以提高說話的興趣為目標；並以提供聆聽說話技巧訓練，創造一個刺激的環境來促進主動聆聽與說話。

四、聽說演故事教學策略

隨著九年一貫課程的實施，說話課不再單獨列入課程，只能融入語文領域的單元教學中，但是教師可以有計畫的設計單元活動，提升學生

語文聆聽能力、朗讀與說話能力、觀察與描述的能力、及自信心的培養。讓學生在語文教學中，不斷融入聽、說、演的趣味化活動中，增加學習的意願。孩子喜愛故事，也會從故事中去體會、思考與領悟其中的意義。跟孩子一起來說、聽、討論和演故事，在輕鬆好玩的活動當中，幫助孩子整理經驗、發展語言與思維能力。

依據《中國當代小學語文教育改革研究》書中收集歸納二位研究者的聽說訓練法（余關耀、張慶 2001：80-82）：

（一）余關耀將聽說訓練結合的形式分成五類

1. 直觀性聽說訓練：主要形式有看圖說話、看實物說話、觀察大自然說話、看場面說話和創設情境說話。
2. 模仿性聽說訓練：主要形式有仿句式說話、聽故事後複述、仿課文寫法說話、描摹聲音說話。
3. 創造性聽說訓練：主要形式有求異回答問題、讀書匯報、創造性複述故事、續說故事、評說事物、聽一組聲音說話。
4. 實踐性聽說訓練：如做實驗說話、做遊戲說話、玩玩具說話、品嘗食物說話等。
5. 交際性聽說訓練：主要形式有自我介紹、口述見聞、工作匯報、祝賀、感謝、接待客人、探望他人、求助別人、主持會議、開展討論等。

（二）張慶概括的聽說訓練方法

1. 情境教學法：以圖片、實物、語言、動作、環境布置等手段創設聽說的某一特定情境，以提高訓練的形象性、生動性和情感性。
2. 演示教學法：透過演示實驗或表演等提供聽說的材料。
3. 範例教學法：提供聽說範例，然後要求學生舉一反三進行仿說。
4. 電化教學法：選用錄音、投影、錄像、電影等音像手段進行聽說訓練。
5. 比較教學法：比較兩句或兩段話的異同、正誤等培養聽說能力。

6. 伙伴教學法：選用小小組等學生群體，進行分散的聽說活動，並在小組中得到伙伴的幫助和訂正，以擴大課堂內聽說的訓練面。

7. 活動教學法。在課前或課內組織相應的活動，作為聽說訓練的直接材料，培養聽說能力。

周慶華（2007：58-67）認為，聆聽和說話教學應該與閱讀教學「一體成形」，以共同主題「綰結」在一起，在閱讀的情境裡發展出聆聽與說話教學；說話教學與閱讀一起進行時，不妨更改閱讀教學流程，而讓說話教學以「額外」強化方式介入，透過演講、辯論、舞臺劇、廣播劇、相聲、雙簧、說故事等活動安排來成就；其中舞臺劇與說故事因為可以即興創作和全體成員共同參與，可行性更高。

（一）說故事

1. 單語說故事：一個人說。

2. 多語說故事：多人合說。

3. 劇場性說故事：

(1) 讀者劇場：由兩個或兩個以上的朗讀者，從頭到尾都在舞臺上或固定的位置，搭配少許的身體動作、臉部表情，朗讀設計的各個部分。

(2) 故事劇場：有演員有旁白，演員需著劇裝，當旁白時演員可表演啞劇動作，並以音樂、歌舞搭配演出。

(3) 室內劇場：演員之間可作對話加上簡單的動作演出，敘述者可以成為劇中的一個角色或作者的身分以旁白的方式對觀眾講話。

（二）舞臺劇

舞臺劇，是表演而非口述，這種表演稱為戲劇，以故事為題材，以演故事的形式來設計。

由上論述可知，說故事的形式多樣又豐富，沒有一個孩子不喜歡聽故事，在孩子的眼中，會說故事的老師，就像神奇的魔術師般，永遠令

人驚奇喜愛。教師應努力提升自己說故事能力，及為孩子設計一個充滿故事的環境，學童在潛移默化中學習，以培養良好的語言表達能力。學習的過程中，有的孩子表現亮眼，有的孩子卻不十分理想，教師因教學的時間有限，經常無法給予充分練習說話的機會。長久下來，這樣的學童對自己的能力更沒有信心，更不敢在人群中表達自己的想法與意見，成為班級中「隱形」、「沒有聲音」的一群。新移民女性子女常常正是這群「隱形」、「沒聲音」中的一份子，如果能透過以故事為媒介來設計多變化的聆聽說話教學活動，提供他們安全、自在的說話機會，相信必能激發他們進步的潛能。

第三節　聆聽說話補救教學方案設計

> 一粒種子，如果沒有受到外在環境的催化，就不會有萌芽的機會；一個人，如果沒有試著去開啟潛能之門，一輩子都不知道自己擁有多少潛力。（張麗玉，2002：32）

在教學現場老師要適時營造情境，製造機會，讓小朋友在適當的陽光雨露照顧下，展開聆聽與說話學習。打從嬰兒呱呱墜地，他就懂得用先天本能語言「哭」與世界溝通，接著從大人的柔聲細語和行為語言裡，他增強了自己學習的方向，建構一系列有意義的語言，更為自己散播語文的種子。「聆聽」和「說話」就在這樣自然的情境中，為孩子鋪陳重要的學習之路。

一、聆聽說話補救教學方案設計理念

甲說：「從這裡騎車到高雄要多久？」
乙說：「大概要很久。」
甲說：「起碼要多久？」
乙說：「喔！騎馬要更久。」（出處未詳）

聆聽和說話都是憑藉聲音和聽覺辨義，在生活情境中語意的解讀因時、因地、因人、因事而有差異，如果聽錯了「失之毫釐，差之千里」。

（蔡曼鈴，2003）選擇以故事為教材，安排在特定情境下，加強學生「依情境建構意義」的聆聽說話能力，融入聽說演多樣化的趣味教學活動，引發學生學習興趣。對部分新移民女性子女來說，口說表達的能力有限，可能一次只能說個兩、三句，所以在教學過程中循序漸進，提供更多的練機會習，對於他們的表現給予正面積極的肯定，並且接納他們各種的表達方式，讓他們在說話中重拾自信，獲得成就感。

國語文教學應打破傳統生字、語詞解釋、造句、課文深究、語詞重組等固定的教學模式，多強化課文人事時地物分析、優美詞句欣賞、或者融入說話課的朗讀、語詞或故事接龍、小組討論、說故事……再結合藝術與人文課程角色扮演或戲劇表演，讓國語文活動變得生動活潑。

二、聆聽說話補救教學教材與活動設計舉隅

本聆聽說話補救教學，延續閱讀生字詞彙補救教學方案設計，以原教材〈與其終身遺憾不如盡量改善〉為內容，以範文設計八十分鐘教學活動【範例一】，再以補充教材〈智者的四句話〉設計八十分鐘教學活動【範例二】，教學時視情況選擇其中四十分鐘使用。

（一）聆聽說話補救教學教材舉隅

表 6-3-1　聆聽說話補救教學教材舉隅

主題	智者的四句話
教材來源	網路文章 http://share.youthwant.com.tw/sh.php?do=D&id=31015081&apid=ivip-5034828
教材內容	一位十六歲的少年去拜訪一位年長的智者。 　他少年問：「我如何才能變成一個自己愉快、也能夠給別人愉快的人？」

<table>
<tr><td></td><td>

智者笑著望著他說：「孩子，在你這個年齡有這樣的願望，已經是很難得了。

很多比你年長很多的人，從他們問的問題本身就可以看出，不管給他們多少解釋，都不可能讓他們明白真正重要的道理，就只好讓他們那樣好了。」少年滿懷虔誠地聽著，臉上沒有流露出絲毫得意之色。

智者接著說：我送給你四句話：第一句話是『把自己當成別人』。你能說說這句話的含義嗎？」

少年回答說：「是不是說，在我感到痛苦憂傷的時候，就把自己當成是別人，這樣痛苦就自然減輕了；當我欣喜若狂之時，把自己當成別人，那些狂喜也會變得平和中正一些？」

智者微微點頭！接著說：「第二句話『把別人當成自己』。」

少年沈思一會兒，說：「這樣就可以真正同情別人的不幸，理解別人的需求，並且在別人需要的時候，給予恰當的幫助？」

智者兩眼發光，繼續說道：「第三句話『把別人當成別人』。」

少年說：「這句話的意思是不是說，要充分地尊重每個人的獨立性，在任何情形下，都不可侵犯他人的核心領地？」

智者哈哈大笑：「很好，很好。孺子可教也！第四句話是『把自己當成自己』，這句話理解起來太難了，留著你以後慢慢品味吧。」

少年說：「這句話的含義，我是一時體會不出。但這四句話之間就有許多自相矛盾之處，我用什麼才能把它們統一起來？」

智者說：「很簡單，用一生的時間和經歷。」

其實第四句話涵義蠻深遠的……人活在世上，終其一生的時間，強加自己主觀的意念在一切事務之上，煩惱是自生，也要自解，敞開自己的心胸就會領悟到很多事情的真諦。而智者所說第四句話也就是要了解自己，生命之中很多事情是要自我解決，適時肯定自己，表現自己，自己的心理需抱持樂觀進取，朝自己既定方向去努力，積極的活出自己，不被環境影響自己思想觀念，進而把自己的快樂傳染他人，這就是第四句中的「自己就是自己了」。勇敢走自己的路，活的真實活的努力，積極而正面思考，勇於突破自己心靈的限制，幫助別人也幫助自己，真正活的快樂自我實現。後來少年成為中年人，成為老年，離開了人世，但人們始終記得他，因為他是一位智者，永遠帶給別人愉快的智者。

</td></tr>
<tr><td>教學策略</td><td>

1.【活動一：小故事三部曲】採用筆記法、複述故事法。
2.【活動二：說故事劇場】採用角色扮演法。
3.【活動三：檢討會】採團體討論法。

</td></tr>
</table>

（二）教學活動設計說明

【活動一：小故事三部曲】～聽故事、整理故事、複述故事

1. 聆聽故事：

教師朗讀故事，學生聽故事，隨時重點提示。

2. 整理故事內容：

學生剛接觸作筆記時，教師可在黑板上示範作筆記，來介紹作筆記的方法。筆記的形式只針對「人物角色」、「故事情節」、「故事意義」來設計。將筆記分成兩大欄，左欄為「筆記欄」、右欄為「整理欄」。將講述的內容摘要記於「筆記欄」，思考記下的想法記於「整理欄」。

3. 複述故事內容：

指導學生將筆記欄內故事情節綜合歸納，複述故事。練習時要求學生儘量不改變故事原意，提高學生語言組織能力及邏輯思維能力。

【活動二：說故事劇場】

讓孩子嘗試將範文中的內容用肢體、聲音、表情及其他輔助，把故事呈現出來（葛琦霞，2002：134-179）：

1. 我的表情會說話：選擇關鍵句，於關鍵句討論動作表情。例如：說到傷心處，小朋友要表演啜泣聲。說到生氣的地方，則可以跺腳或用「哼」的口氣表演。開心的時候可以拍手或哈哈大笑。
2. 分配角色－一人旁白，其他依劇情分配角色，製造音效。
3. 討論時間：分組討論如何演出情節段落。
4. 分享時刻：演出、回顧。

【活動三：檢討會】～討論故事

藉由共同討論問題來提高學生分析問題討論問題的能力，教師指導學生討論時確實掌握別人的觀點，避免誤解；說明自己的想法時，言簡意賅；聽取他人意見時，耐心傾聽，尊重他人；最後由主持人總結歸納，指出討論過程的優缺點。

活動名稱	教學活動內容	時間	分段能力指標	十大基本能力	評量方式
	一、引起動機： （一）「這是什麼聲音？」 　教師預錄大自然聲音及生活中常聽的聲音，如蟲聲、鳥聲、汽車聲、沖水聲……請學生聽辨，引起聆聽動機。 二、發展活動： 　故事三部曲－聆聽、整理、說 （一）聆聽 　1. 指導學生聆聽時應有的態度方法。 　2. 說明聆聽筆記的基本作法。 　3. 教師朗讀聆聽教材。 　4. 學生記錄所聽到的主要內容（人物角色、故事情節）。 　5. 在文章中找到自己所寫的句子，並且用鉛筆畫下來。 　6. 師生一起討論這篇文章的大意，並請學生用紅筆畫下來。 　7. 核對鉛筆與紅筆重覆畫記的地方，在評量單上計算出自己的成績。 （二）說話 　1. 指導學生說話時應有的態度與表達技巧。	5 35 20	B-2-2-2-1 能培養良好的聆聽態度 B-2-2-3-3 能發展仔細聆聽與歸納要點的能力 B-2-2-10-11 能正確記取聆聽內容的細節與要點 C-2-1-1-1 能清楚說出自己的意思		故事筆記學習單 九、主動探索與研

	2. 請學生分組將〈智者的四句話〉，用口述的方式，完整而流暢的將文章的大意清楚地說出來。	C-2-1-1-2 能當眾做簡要演說	究
	3. 老師補充說明由文章標題去尋找聆聽重點的方式。	C-2-1-1-2 能以完整的語句簡要說明其內容	
	4. 學生寫下聆聽練習之後的心得感想。		
	5. 鼓勵學生彼此討論，並將心得感想口述出來與大家分享。	C-2-2-1-1 說話時能保持適當的速度與音量	二、欣賞 / 合作
	(三)表演： 　1. 指導學生觀賞的態度及表演的技巧。		表現 / 參與 與創 / 態度 新
	2. 討論每個角色不同的個性而有不同的語氣和表情。	C-2-2-1-1 能運用合適的語言，與人理性溝通	
	3. 學生分組根據故事內容分配角色。	C-2-1-3-4 透過集體創作方式，完成與他人合作的藝術品。	
	4. 故事劇場開鑼囉！		
	5. 各組分享演出心得。		
	三、綜合活動：（討論與分享）		
	(一) 良好的聆聽態度有何重要性？	C-2-1-1-1 能清楚說出自己的意思	
	(二) 寫聆聽記錄時遇到哪些困難？應如何克服？		
	(三) 如何快速的找到文章的重點？		
	(四) 說話時要注意什麼？	C-2-2-1-1 能運用合適的語言，與人理性溝通	
	(五) 如何修正自己說話時的缺點？		
	(六) 表演時及準備時應注意什麼？		
	(七) 如何扮演好「發表者」和「聽者」和「表演者」的角色？		

圖 6-3-1　聆聽說話教學活動設計

第七章　寫作補救教學

第一節　概說

> 思考，是寫作的種子，也是提煉思想的利器；它和寫作的關係密
> 不可分。動人的作品，通常是思想引發情感，而不是寫作技巧。
> （沈惠芳，2005：11）

　　寫作就是利用組織過的文字來表達思想、感情或反應人事物的活動。在此過程中，為文者會先將自我的思想修飾成適當的語句再呈現；除了表達自我，同時再自我釐清，讓文字更簡潔、精鍊。作文是表達思想、訓練思考的一種方法，所以從隋唐開科取士，到現在的高普考、大學聯考，都要考作文。「作文」對學生來說，是一種學問，也是一種技術，更是個人思想的表現。

一、寫作教學的重要性

　　寫作是國語文能力的綜合表現，而語文是人類社會中獨一無二的重要媒介，藉由語言的表達，人們得以相互溝通、傳遞訊息，文明也因而能創發且傳承下去。學生怕寫作文，教師怕教作文，也怕改作文，這是人盡皆知的事實。但這也是一道非跨過去不可的鴻溝。利用書面語言來傳達訊息，就生活和工作來說是不可或缺的；而就升學來說，作文分數占了一定的比重，學生和老師都無從逃避。（董丹萍，1992）
　　孩子的寫作能力和國語文教學息息相關。在語文教學領域中有四大目標，包括：讀書、說話、寫字、作文；作文屬最為複雜的心理運作過

程，它不但統合了思想的傳遞與情感的表達，也是較高層次的語文能力表現。（陳鳳如，1993）透過寫作，教師可以了解學生的生活經驗、知識程度及思想態度；學生語文程度的高低，寫作是最容易觀察的指標。（杜淑貞，1986）林鍾隆（2001）也提出作文教學是國語科教學的綜合表現，是國語科教學的成效呈現，更是個人語言文字能力的最佳表達管道。因此，學生作文能力的展現，就是國語文教學成效的最佳例證。

二、寫作教學的現況

在國中基測宣布要加考作文之後，作文又變成大家注意的焦點，一時之間坊間各種作文補習班林立。但寫作能力不是一蹴可及的，仍應長期培養。在國小階段，學校每學期都會抽查作文，學校行政人員花了時間看、學生花了時間寫，老師也花了很多心力批改作文，但卻仍不見成效。因為傳統「以成果為導向」的作文教學，老師在講解完題目之後，大多只在黑板上列出大綱，教師解釋大概的內容或和學生互相討論之後，便由學生個別寫作。在學生的寫作能力尚未完備之前，幾乎承擔了全部的學習責任。對於「如何」寫的過程，學生並無法掌握。這樣的寫作方式只有發揮「評量」的功能，而沒有產生「學習」的效果，用這種方式多寫似乎也沒有多大的幫助。

許多國小六年級的學童在取材、立意、內容結構、文句組織等方面的能力出現許多問題。（教育部，1981）加上近來網際網路的盛行已深深影響人類生活，有些孩子在國小低年級時，便能操作電腦自如，此時期正是孩子語文能力啟蒙的階段，卻受到所謂「網路用語」的影響；倘若家長又未能善盡監督之責，而學校對於語文教育的努力也抵擋不住日新月異的網路潮流，學生愛用「火星文」，國語文的學習難有成效，語文能力下降的危機可見一斑。

李麗霞（1990）以新竹縣七十七名國小教師為調查對象，調查作文教學的現況。他發現國小教師普遍認為學生的寫作態度與品質不佳，且認為自己的作文教學能力感到不足。在張新仁（1992）的調查研究也發現，國

小教師認為當前作文教學困難的一大因素是「學生害怕作文或缺乏寫作興趣」。老師忽略了寫作過程的指導，學生只是表達出原有的寫作能力，無法使學生「在寫作中學習」，所以老師應扮演鷹架的角色，教導學生有效的寫作策略，讓學生「學習寫作」。上作文課時大部分的學生是想到哪裡寫到哪裡，也不知道自己在寫什麼。沒有計畫與策略，接下來的執行工作便失去了目標與意義。因此，學者主張教師必須耐心地、循序漸進地，讓學生把學習當作一種有目的、有系統的活動來對待。（林崇德，1995）

三、寫作困難學童在寫作過程中常遭遇的問題

李安妮（2006）指出寫作困難學生在寫作的品質上明顯落後正常同儕，常遭遇書寫表達的困難，無法利用文字來適切表達或衍生類化為文章。相較於一般學生，學習困難學生在寫作過程常遭遇下列困難：

（一）書寫機械性技巧的困難

學習困難學童常有標點符號及文句的錯誤，手寫技巧的困難影響寫作的速度。書寫機械技巧困難容易因擔心書寫錯誤而抑制其對文章內容更高層的計畫和組織。

（二）寫作歷程的困難

有效寫作的要素之一是事前的計畫擬定，這在熟練的寫作者身上尤其明顯。對寫作困難的學生來說，寫作歷程中經歷極大的挑戰，常抱怨他們不知道要寫些什麼內容，也不知道如何發展自己的想法；寫作時常缺少修飾、擴展、連貫和明確的敘述；在衍生主題與想法上有困難，少預作計畫，缺少組織與寫作文章的策略，且從未校正。

（三）文章的品質特徵

文章篇幅短，鮮少對主題詳細解說，內容缺少發展性概念，容易省略重要訊息，且經常出現不符邏輯的文章脈絡發展；字詞彙使用常有重

複缺乏變化；文句不完整，文法常發生錯誤。寫作時傾向闡述腦中的訊息，而未加以組織，缺乏系統性組織與主題相關的知識，致使文章內容貧乏，缺乏連貫性。

（四）寫作的態度、信念和情緒

學習困難學生在寫作上還可能經歷態度、信念和情緒的問題，如失敗、自我懷疑、習得無助感及缺乏學習動機，較少情感上的支持、無擔負本身學習責任及較高的學習挫折感，這些都可能妨礙寫作的表現。

董丹萍（1992）分析有技巧的寫作者與較少技巧的寫作者，在寫作過程中表現的差異如下：

表 7-1-1　有技巧與較少技巧的作者在寫作過程差異表現

寫作過程	有技巧寫作者	較少技巧寫作者
一、計畫階段 （一）設定目標	1. 會預先設定目標。 2. 重觀念溝通和表達。	1. 想到哪寫到哪。 2. 斟酌字句、文法。
（二）產生想法 　　（內容構思）	1. 內容豐富產生想法。	1. 內容貧乏。
（三）組織想法 　　（文章布局）	1. 組織力強。	1. 組織力弱。
二、轉譯階段	1. 專注於句子的結合和段落的連貫。	1. 專注於文法、標點符號等寫作基礎。 2. 缺乏文體結構知識。
三、回顧階段 （一）檢查 （二）修改	1. 能檢查出較多的錯誤，能修正較多的錯誤。 2. 花在修改的時間較多。 1. 專家偏重整體結構和意義方面的修改。	1. 往往覺察不出問題所在，也不知如何修改。 2. 花在修改的時間較少。 1. 傾向局部和低層次的修改，如字詞、文法。

資料來源：董丹萍（1992）

　　寫作為一項相當複雜的歷程，對一般學生來說已非易事，更何況是先天不足後天失調的新移民女性子女，更是一項艱困的挑戰。聽、說、讀、寫四項語文能力中，他們在寫作上明顯落後同儕，且幾乎任何領域都會遭遇書寫表達的困難；雖然他們也有許多想法，卻很難使用文字來適切表達他們的想法。

　　張淑猜（2005）在他的研究中發現新移民女性子女國語文學習的困難，包括：注音符號發音不正確拼讀困難，造句的句子不完整、文句較少修飾，認、讀、寫速度慢及寫字潦草、同音異字誤用、錯別字多。他們普遍國語文基礎能力不足，寫作這種高層次的語文活動，需要教師在活動中運用一些策略引導，給予其「過程性的協助」，本研究擬採高結構性的環境法及同儕協助的個別化法，搭起寫作的鷹架來協助這些能力較落後的新移民女性子女，解決他們寫作歷程中所遭遇的困難。

第二節　環境式寫作補救教學

> 開鎖的時候，如果拿錯鑰匙，不論你多努力想把它放進鑰匙孔中，都無法把門打開，如果用對鑰匙走上「正途」，就能一路過關斬將，順利解決。（張玉明，2006）

　　寫作過程的複雜，需要儲備相當的語文知識技能，才能順利完成。要有效解決新移民女性子女寫作問題，需要教師能了解並引導寫作的歷程，洞察可能產生問題的原因，提出可運用的策略，幫助學生在有意義的寫作過程上進行寫作活動，才能提升寫作的能力。

一、過程寫作教學特色

　　傳統寫作教學著重學生寫作成果的展現，高結構性過程導向模式的寫作教學將寫作視為「歷程」，以學生為中心，強調寫作過程中教師的指導與協助，重視學生本身的自主性與創造性，將經驗轉化於寫作的題

材中，激發學生對文章內容的覺知、增強寫作概念、提升文章品質並增加學生較多寫作機會，是最能提升學生寫作表現的教學法。

黃秀文（1999）認為過程寫作教學雖然沒有典型的教學步驟，但具有若干共同的特徵：

（一）學生自由選擇寫作題目

學生對於不感興趣或背景知識不足的題目，往往構思困難，不知如何下筆，久而久之對寫作產生負面的態度。有鑑於此，過程寫作賦予學生自由選擇題目的權力。俾使文章內容在一定程度上較能與其生活經驗貼近，以便能發揮自己的想法與情感。

（二）強調寫作過程的指導

過程寫作嘗試在學生的寫作過程中介入以提供協助。將寫作流程劃分為若干階段，方便各階段安排適當的協助活動。趙金婷（1993）認為常見的寫作階段依序為：寫作前、起草、修改、編輯、發表等五個階段。

1. 寫作前階段：

此階段為預想階段，引導學生定心於寫作事務上，幫助學生預想寫作方向、產出想法、決定文章布局。教師在該階段不是提供大綱，而是設計活動來幫助學生作寫作前準備，鼓勵自我思考及自我選擇。

2. 起草階段：

此階段為寫作階段，學生將寫作前產出的想法轉譯為文字。教師鼓勵學生大膽下筆，自由表達想法。

3. 修改階段：

此階段重心在意義的修改，協助寫作者精緻化表達想法，而非寫作技巧的指正。

4. 編輯階段：

修改著重文章內容及意義的修改，編輯則是語言形式規則的修正，如錯字、標點符號、句法、段落安排。

5. 發表階段：

將完成的作品與別人分享，透過公開發表提供學生觀摩學習的機會。

除此之外，協助學生發覺寫作的意義及真實的目的，以精進寫作能力。

二、環境法寫作教學模式

過程導向寫作教學模式大致分為兩種教學結構：一為自然過程教學法為低結構性過程導向寫作教學法；一為環境法為高結構性過程導向寫作教學法。根據研究顯示「環境法」成效較好，比自然過程教學法效果多出三倍。（張新仁，1992：23－25）本研究採用成效較好的環境法為實施寫作補救教學的方法。

環境法寫作教學，為高結構性過程導向寫作教學法，是指寫作活動由師生共同責任分擔。強調學習材料與學習活動的高結構性。先由教學者選擇題材、設計教學活動；在教學者解說寫作內容、教導寫作策略後，再由學習者以小組討論方式進行寫作的過程。（周慶華，2007：98）

張新仁（1994）指出，環境寫作教學方式，是幫助學生在寫作前構思與布局，起草後協力修改初稿。為了方便教學整個教學活動分為四個階段：寫作前、起草、修改、校訂完稿。各階段教學活動安排如下：

（一）寫作前階段

1. 教師透過課前指定閱讀或觀賞影片。
2. 教師列出引導性問題，協助小組討論。
3. 學生透過團體腦力激盪，構思寫作內容與佈局，並列成大綱。

（二）起草階段

1. 提供安靜無干擾的寫作環境，讓學生自行把寫作前列的大綱細目寫成文章。
2. 鼓勵學生盡量多寫，不必掛心用字遣詞、造句文法是否完美。
3. 要求學生使用鉛筆，留下空行供事後修改，不會寫的字拼音。
4. 學生專心寫作時，教師坐下閱讀或寫作，以作模範。

（三）修改階段

1. 討論時鼓勵學生說出對方的優點，訓練學生學習雙向回饋以提出建議。如下表：

表 7-2-1　討論指引

一、注意傾聽先不要看對方的文章。
二、就對方的文章說出一項優點。
三、當對方唸完文章後，試著去複述你所聽到的。
四、提出一些問題，以幫助對方發現不當之處。
五、如果還有時間，說出如何修改的具體建議。

資料來源：張新仁（1994）

2. 討論後各自回座位，斟酌同儕或老師的建議，修改自己的文章。
3. 寫作前選定自己的同伴，或由老師指定，異質性或同質性分組皆可。
4. 教師巡視學生寫作過程以提供協助，找出學生共同易犯毛病。

（四）校訂階段

1. 校訂重點放在拼字、文法、標點符號等基本寫作技巧上。
2. 教師提供檢核表，以指引學生進行校正。
3. 根據教師所教授的改進事項自行校訂文章，再彼此交換校正。
4. 教師巡視行間，協助陷入膠著狀態學生。亦可成小組進行指導。

（五）發表階段

挑選學生佳作作品共同欣賞或投稿刊物。

除了分階段的寫作教學模式，還有所謂的 CSIW 寫作認知策略教學模式 CSIW 的教學重點是以「口語教學模式」對四、五年級學生施以寫作策略之教學，特色如下（張新仁，1994；劉明松，2001）：

（一）CSIW 特色

1. 就「教學內容」而言：將整個寫作過程以頭字語 P. O.W.E.R（Planning，Organize，Write，Edit，Revise）教予學生，目的在於使學生快速熟練整個寫作程序而達內化程度，並提供思考單作為提示與協助。

2. 就「教學方式」而言：教師應用放聲思考的方式說明與示範，目的為使學生將他們的思考過程如同寫作一樣透明化，提供觀察成為一位好的寫作者寫作過程的機會。

3. 就「寫作過程」而言：學生的寫作任務顯示出「責任轉移」的現象，及學生在整個寫作過程中，先由「共同合作」而漸進至「獨自作業」，最終目的在於訓練學生將其所學「內化」。

（二）CSIW 之教學步驟

劉明松（2001）指出 CISW 的教學步驟如下表：

表 7-2-2　寫作認知策略教學步驟

教學步驟	寫作過程	特色
步驟一：老師舉例說明文章結構和策略	計畫	1. 老師以放聲思考方式說明及示範「思考單。」
步驟二：介紹「計畫思考單」		
步驟三：介紹「組織思考單」	組織	2. 以「問答」方式進行師生對話。
步驟四：讓學生開始第一次寫作	寫作	

步驟五：介紹「自我檢核思考單」	校正	3. 提供多種「思考單」。
步驟六：介紹「校正者思考單」及讓學生評鑑他人的作品		4. 責任漸進式轉移，由「供作」到「獨作」。
步驟七：介紹「修改思考單」及讓學生修改自己的文章	修改	5. 內化「思考單」。

資料來源：劉明松（2001）

CSIW 教學特色是為學生提供多種思考單，使學生快速熟練整個寫作過程：（楊彩雲、許家璇，2002）

1. 「計畫思考單」：分析寫作對象、目的，善用背景知識、腦力激盪；可使學生考慮到讀者的立場，讓學生在整個寫作中去組織較重要的觀念。

2. 「組織思考單」：協助學生將焦點放在文章內容結構上，分辨與題目相關的類別，把相關的想法歸為一類，將想法按順序排列。當學生利用上述思考單去寫作初稿時，他們無形中獲得更多批判性的校正工作。

3. 「自我檢核思考單」：協助學生將注意焦點放在文章內容和組織上。

4. 「校正者思考單」：讓同儕間相互評量。

5. 「修改思考單」：最後，學生必須回顧校正者的建議，下筆完成必要的修改。

姓名：　　　　　　日期：
主題：
誰（WHO）：我為誰寫？
理由（WHY）：我為何要寫？
內容（WHAT）：我知道什麼？
如何（HOW）：我如何組合觀點？
我如何組織我的觀點？
1. 比較／對比。
2. 問題／解決。

圖 7-2-1　計畫思考單

說明（何者需要說明？）
事件發生的順序為何？
首先是：（　　　　　　）
然後是：（　　　　　　）
接著是：（　　　　　　）
最後是：（　　　　　　）
線索提示：誰做此事（主角）？
發生什麼事？
如何解決問題？

圖 7-2-2　組織思考單

姓名：	日期：		
閱讀：再讀我的文章			
我最喜歡的是什麼？（在最喜歡的地方作＊記號。哪個地方不清楚？在不清楚的地方作？）			
自問：何者需解釋？	是	部分	否
步驟是否清楚明確？	是	部分	否
使用的關鍵字？	是	部分	否
計畫：（回顧）			
哪個部分我需要作修改？			
寫下二個或多個討論問題給校正者。			
對話（與校正者對話）：			
與校正者一起閱讀你的文章。然後校政者要閱讀此文章且完成校正單。			

圖 7-2-3　自我檢核思考單

姓名：	日期：
1. 校正者給你的建議是什麼？	
作一「檢查」的記號在你要使用的建議的旁邊。	
2. 如何使你的文章較有趣？	
3. 回到前面的文章且作修改的工作。	
修改符號：加字「∧」　刪字「－」　調換順序「～」　在此增加觀點「　」。	

圖 7-2-4　修改思考單

姓名：	日期：		
閱讀：再讀我的文章			
我最喜歡的是什麼？（在最喜歡的地方作＊記號。哪個地方不清楚？在不清楚的地方作？）			
自問：何者需解釋？	是	部分	否
步驟是否清楚明確？	是	部分	否
使用的關鍵字？	是	部分	否
使文章有趣嗎？	是	部分	否
計畫（回顧）：			
哪二部分我需要作修改？			
使文章有趣的事是：			

> 對話（會見作者）：
> （1）比較你在校正單和校正者單上的評論。
> （2）討論如何修正文章。假如作者需要幫助就協助他。

圖 7-2-5　校正思考單

三、小結

　　雖然截至目前為止，還沒有一套能適用於所有學生的寫作教學模式，又因為接受補救教學的新移民女性子女，不但寫作技巧不足，甚至連國語文的基礎能力也未達基本水準，所以在寫作上有很高的限制。利用高結構性過程導向的環境寫作教學策略，讓學習不再只是「黑箱作業」，透過同儕的討論與協助，教師提供結構化的課程設計，鼓勵學生閱讀與寫作相關的資料，並藉由故事結構分析培養組織能力，以協助解決學生在寫作過程中遭遇的問題。

第三節　個別化式寫作補救教學

> 杜甫云：「讀書破萬卷，下筆有如神」。在生活中多觀察人、事、物，多練習寫作，鍥而不捨，才能精益求精。（沈惠芳，2005：30）

一、個別化式寫作補救教學的意涵

　　個別化法又稱輔助式成果導向寫作教學法，強調以個別學習者為協助的對象，寫作活動由學習者向小老師或電腦學習。（張新仁，1992：23～24）

　　個別化寫作選擇以同儕輔助及電腦輔助學習為教學策略，滿足學生的求助、縮小學習落差、減輕老師的工作負荷。

目前的「過程導向教學」是源於認知心理學理論上所發展出來的一種教學方法，可為國內作文教學注入一股新氣象。國內的寫作教學在認知心理學的影響之下，有「以教師為本位」轉為「以兒童為本位」的趨勢，從消極的提供教材、組織等教學模式，轉化為各種積極的寫作歷程的教學介入。（李麗霞，1990）而電腦文書處理則是結合「過程導向」與寫作的最佳工具，教師在策略性的引導寫作技巧下，它有利於整合寫作的學習環境使學生獲得更大的學習效益。

王全世（2004）指出同儕輔助學習是指經由同儕積極的協助和支援來獲得知識和技能。同儕具有相等或類似的身分和等級，來自於相同或相似的社會群體。在同儕輔助學習中，同儕之間要能互相幫助來進行學習，有時扮演指導者與幫助者的角色；有時擔任被指導者與被幫助者的角色。被指導時，可以由同儕的指導來學習，獲得解決問題的知識與技能；指導同儕時，也可以由教學中來學習，重新組織自己的知識，釐清自己的概念。藉由同儕之間的互動，彼此討論，可以培養溝通、表達與講解的能力；藉著分享自己的經驗與作品，可以減輕學習的焦慮。

二、電腦在寫作教學中扮演的角色

Ritter 認為，寫作過程的研究與電腦的發展是二十世紀重要的兩個研究領域。寫作的研究著重在寫作的過程，試圖定義寫作過程的模式，並了解一位寫作生手如何變成一個有經驗的寫作者。電腦融入教學可定義為教師運用電腦科技以增進學生在目前課程中作有意義的學習活動的過程，各領域更為整合。（引自崔夢萍，2001）

Bates 針對寫作教學時電腦使用的觀點，發現電腦與寫作動機、修改編輯的輔助、組織再架構有關，而認為電腦在寫作中扮演著動機的編輯者與觀點的重塑者三種角色（引自連淑玲，2003）：

（一）電腦為能促進學習動機，改變寫作態度，最能引起學生互動的寫作模式：同儕間互相討論達成共識，不會受字跡限制，增刪修改不會造成髒污，整齊的排版，更容易接受同儕的建議而修

正，並與同學分享寫作的成果。Harris（1985）在其文書軟體寫作的先前研究中發現，整齊的文章對學生具有魅力，錯誤也較容易被偵測到。

(二) 電腦為編輯者：電腦文書處理在幫助學生編輯上是極好的輔助工具，在電腦環境下，作品的字數會增加。軟體具有拼音檢查的功能，所以學生不需太擔心其拼音，而能將注意力放在文章的邏輯組織與清晰度上，且拼音的檢查也能提醒學生注意到自己常拼錯的字。（Harris, 1985）文法的檢查也使學生能知道其誤用的情形，並使學生知道如何修改。Davis 等人（1997）認為，紙筆寫作有障礙的學生，對於列印出來的寫作會有高度的興趣與驕傲，且電腦使寫作者在修改時不需要求寫作者回想寫作的內容，不需「記憶」而僅需以剪貼的方式來完成。

(三) 電腦為觀點的重塑者：Lockard 等人（1994）認為學習寫作最重要的就是修改。學生針對老師的建議與自己對主題的再思考後，應進行多次的重新改寫。如此電腦就是學生寫作修改的催化工具。

三、兒童電腦寫作軟體

兒童電腦文書處理軟體的功能大多具有剪貼、複製、排版、設定背景顏色、改變字型、設定字型大小與顏色，配合寫作主題選擇背景情境圖與相關的主角圖片，提供一個遊戲式的寫作環境，幫助學生寫作架構的建立，使寫作成為結合想像與創意、布置情境、用文字表現情感的具體活動，促進學生思考流動性和彈性的創意想法。教師在選擇軟體時應注意適合兒童所使用的介面與內容設計，並能增進其創造思考的寫作軟體。

四、電腦寫作環境與寫作教學策略

電腦寫作環境或許有助於學生進行修改，但是電腦並不會教我們如何修改，所以寫作環境中的教學策略，並不是任何工具所能取代的。

（Pelletier, 1992）電腦易修改與整齊的特性對寫作的初學者有正面的效益；然而，研究顯示只有電腦的使用並不會提升寫作的成效。在電腦的寫作環境下，唯有融合適切的教學模式與策略，才能提升學生的寫作品質。

五、電腦融合寫作歷程模式

　　Houston 進行融合電腦多媒體並強調寫作過程的研究，研究發現，圖片與聲音的提示使對寫作者對自己的寫作知識產生牽引的效果。MacArthur 等人整合電腦、寫作歷程與教學策略，提供具學習障礙的小學學生一個支持性的寫作環境。研究發現，學生的寫作品質較佳，但在基本技巧（拼字、大小寫與標點符號）上並沒有顯著的差異。Gallick-Jackson 以二年級的學生為對象，進行電腦融合寫作歷程模式與故事圖的研究後發現，學生在寫作技巧、內容、形式上都有顯著的進步。（引自連淑玲，2003）

　　由上述文獻可知，研究電腦融入寫作的方向，已從電腦寫作結果的探究轉為學生的寫作歷程，結合電腦為基礎的寫作環境與寫作歷程模式，用適當的教學策略來進行教學，以提升學生寫作的品質與寫作動機。電腦不僅能減少寫作基本技巧上的錯誤，且有助於寫作歷程。

六、結語

　　利用電腦容易編輯、修改的特性，以及最能引起同儕互動的特性，將這樣的學習模式運用於新移民女性子女寫作補救教學上，必能增進他們在寫作上的信心，引起學習動機，改善寫作態度，提升寫作品質，當完成一篇排列整齊、漂漂亮亮的作品時，必定會自覺自己就是一位了不起的作者。

第四節 寫作補救教學方案設計

為一匹馬看相，要從牠的頭骨看起；想了解一條河流，必須先探訪它的源頭。要走好寫作之路，就必須精熟文章的層次和段落開始。能掌握文章層次和段落的人，就像樹木繁茂生長一樣，根本一旦堅實，樹枝和主幹也會發展得濃密蓬勃。（沈惠芳，2005：71）

一、寫作補救教學活動設計理念

文章內容不外乎內容和形式，形式有關技巧，內容關乎涵養；內容的豐富與否需靠時間的歷練而增長，但是形式可以立即習得。因此，本活動設計著重在形式的反覆練習，掌握結構，並與學生生活經驗緊密連結，以充實寫作的內容。

二、寫作補救教學活動設計範例

(一) 主題：參觀報告——遊記（題目自訂）
(二) 教學目標：
  1. 能認識並練習寫作簡單的記敘文。
  2. 能掌握寫作步驟，逐步充實作品的內容。
  3. 能蒐集各類寫作的材料。
  4. 能繪製文章結構圖構思各段大意，安排段落，組織成篇。
  5. 能用電腦根據文章結構圖轉譯文章。
  6. 會利用電腦修改自己的文章，並與同儕互改。

教學活動名稱	教學活動內容	時間	分段能力指標	十大基本能力	評量方式
	一、引起動機： 　　夾點心比賽——將三種點心分別放在三個碗裡，分三組比賽。終點放段落表，每組從點心碗裡放一種點心，分別放段落表裡排列。提醒每個段落開頭空兩格。最快完成的組獲勝。	5 分鐘			
活動一： 旅遊問與答	二、發展活動： 　1.主題解析：遊記以描寫某一個景點敘物為主的記敘文。 　2.透過分組討論，團體分享自我提問： 　(1) 參觀的原因、動機？ 　(2) 參觀的地點？ 　(3) 參觀的時間？ 　(4) 參觀內容： 　　令我印象深刻的是什麼事？ 　　我看到什麼？聽到什麼？吃到什麼？有什麼意義或價值？ 　(5) 參觀心得： 　　我的收穫是什麼？ 　　我感動的是什麼？ 　　讓我想起什麼？	5 分鐘	F2-4-6-4 能寫遊記，記錄旅遊的所見所聞，增進認識各地風土民情的情趣。	十、獨立思考與解決問題	口頭發表

161

| 活動二：
旅遊地圖 | | 1. 確立主旨：
　想一想藉著這篇文章，我想告訴大家什麼？
2. 段落布局與取材：
　(1) 想一想每段的段落大意？
　(2) 如何布局？安排順序？
3. 繪製旅遊思考地圖：
　以電腦分組繪製文章結構圖，幫助學生理解與表達，想法得以連結並加長文章的內容與作品的品質。 | 10
分鐘 | F2-6-10-2
練習從審題、立意、選材、安排段落及組織等步驟，習寫作文。 | 七、規劃、組織與實踐 | 旅遊地圖 |

參觀原因、動機

時間、地點、情境

總說內容包括……

分說一：印象深刻的事

內容 — 分說二：印象深刻的事

分說三：印象深刻的事

心得、收穫、感動

活動三：上窮碧落下黃泉	分組蒐集資料： 1. 成語字典——物品篇（自然景觀、人文特色）。 2. 句型。 3. 名言佳句。 4. 修辭——譬喻、摹寫修辭。	5分鐘	F2-6-7-1 練習利用不同的途徑和方式，收集各類可供寫作的材料，並練習選擇材料，進行寫作。	十、獨立思考與解決問題	1. 分組做業單 2. 口頭發表
活動四：回顧與轉譯	1. 營造書寫情境——放輕音樂。 2. 想一想材料如何分配？ 1. 依照旅遊地圖用電腦文書軟體開始轉譯作文囉！	40分鐘			
活動五：修修又補補	1. 比對：將旅遊地圖與完成的作品比對，檢查是否有遺漏或不足？ 2. 檢核：利用檢核表檢核作品。 3. 修改：自己修改。同儕互改。 4. 教師評閱。	10分鐘	F2-5-1-1 能從內容、詞句、標點方面，修改自己的作品。	八、運用科技與資訊	作品
活動六：作品發表	三、綜合活動 1. 朗讀優良作品。 2. 陳列全班作品。 3. 投稿。	5分鐘	F2-9-8-1 能利用電腦編輯班刊或自己的作品集		聆聽態度

參考資料：沈惠芳(2005)，連淑玲(2003)。

圖 7-4-1 寫作補救教學活動設計

第八章　實務印證及其應用推廣

第一節　相關補救教學的實施經驗

一、閱讀補救教學實施歷程

　　以康軒第十一冊課本分兩階段進行閱讀補救教學，先以前兩個單元六課進行第一階段的教學活動，實施的過程藉由我觀察、反思及學生訪談後評估成效，並修正教學方案，重新規畫教學活動，進行第二階段的教學活動。

（一）閱讀補救教學教材（表 8-1-1）

表 8-1-1　閱讀補救教學教材

實施階段	單元主題	教學期程	課文名稱
第一階段	成長記事	9/8～9/9	模仿貓
		9/15～9/16	草莓心事
		9/22～9/23	跑道
	文學萬花筒	9/29～9/30	向日葵
		10/13～10/14	湯姆歷險記
		10/20～10/21	狐假虎威
第二階段	文化行腳	11/3～11/4	馬可·波羅遊中國
		11/10～11/11	菊島巡禮
		11/24～11/25	地底下的故事
	思考的重要	12/8～12/9	沉思三帖
		12/15～12/16	書生和富商
		12/22～12/23	談辯論

（二）閱讀補救教學步驟及學習策略（圖 8-1-1）

預測課文大意 （預測策略）	→	1. 看到題目想想看，這課可能在說什麼？ 2. 讀完一段，猜猜看下一段會說什麼？

默讀課文圈出疑難或重點。 （畫線策略）	→	1. 將不懂的生字詞彙作記號。 2. 不能理解或質疑的課文內容作記號。

實施閱讀前測驗 ↓

小組及團體討論 （澄清策略）	→	1. 重讀一遍。 2. 不懂得地方作記號，再提出來與同學或老師討論。 3. 對照前後文的關係，推測可能的答案。

↓

5WH 摘要課文大意 （摘要策略）	→	1. 使用 5WH 摘要重點。 2. 用自己的話將內容重點說一遍。

↓

內容深究 （提問策略）	→	1. 答案在課文中——答案在某個句子中，或不同的句子中可以找到。 2. 答案要「動動腦、想一想」——答案不在課文裡，但是可以想想推論出來。

↓

實施閱讀後測驗

圖 8-1-1　閱讀補救教學流程及策略使用說明圖

1. 預測課文內容：

我先將課文文章主題名稱寫在黑板上，請學生依據主題名稱進行預測。目的除了增強學習動機外，並協助學生建立文章可能的架構。

> T： 看到課文主題名稱（老師指著寫在黑板上的名稱），小朋友猜猜看，這課課文內容可能說什麼？
>
> 宏： 是講一個貓（不注意數詞的正確使用方法）。
>
> S7： 會表演模仿秀的貓。

> T：　還有沒有不一樣的想法？可以看看圖的提示後再猜。
>
> S9：我猜是講愛模仿的貓，從圖可以看出來牠一下模仿公雞，一
> 　　　下又模仿松鼠。
>
> T：　牠為什麼喜歡模仿別人？
>
> 銳：　牠就喜歡啊！

（觀 A 摘 2008.09.08）

　　剛開始引導學生運用「預測策略」來預測課文內容，沒有看圖前學生幾乎很難從純文字來預測課文內容，加入圖像線索後就簡單多了。進行第二課〈草莓心事〉，我想藉由小組合作學習，協助三位焦點學生學習「預測」，各小組進行討論並將內容紀錄於白報紙上。

> T：　上一次老師說過當你閱讀一篇文章或一本書時首先應該先
> 　　　做什麼？
>
> S：　全班回答：「預測。」
>
> T：　今天我們先以小組來進行「預測」，將討論結果記錄在白紙
> 　　　上，限時五分鐘，每位組員都要儘量對小組貢獻你的想法。

（觀 A 摘 008.09.15）

　　當分組進行時，我觀察三位焦點學生，發現宏宏偶而在討論時搞笑，綺綺乖巧的在一旁聽同組討論，並未參與討論；至於銳銳就更誇張了，發生小組紛爭。

> 銳：　老師──S9 用腳踢我。
>
> S9：叫她做什麼她都不要，還說要你管。

（觀 A 摘 2008.09.15）

　　老師花了五分鐘曉以大義，說明每位成員在小組合作中扮演的角色和與人合作的重要性，期待下次的討論能夠改進。銳銳把在家與兩位弟弟的互動模式帶到學校來，缺乏團體互動的技巧。（思 A 摘 2008.09.15）

　　進行第三課時，大部分小朋友已經記得要先預測課文大意，老師試著讓學生獨立預測，將預測結果寫在白報紙上，但是〈跑道〉這個

深具內涵的主題，學生大部分只能從字面上猜測詞意，至於「人生的跑道」的隱含意義，可能因為生活經驗不足無法連結。（思 A 摘 2008.09.22）

> T： 每位小朋友是不是都拿到了一張白紙？你們想想看，這篇文章在說什麼？把答案寫在白紙上。
>
> 宏：ㄅㄠˇ場的跑到（短短的五個字就一個不會寫，一個寫別字）。
>
> 綺：在ㄙㄞˋ跑。
>
> 銳：在操場上賽跑。

（觀 A 摘 2008.09.22）

2. 默讀文章內容，圈出不懂的地方，澄清疑惑：

低閱讀能力的學生，習慣在閱讀時直接跳過不懂的生字或詞彙，如果一篇文章或課外讀物出現過多生難雜字，則造成閱讀無法理解的情況，或是因為知識背景的不足無法理解文章的涵義，所以在默讀的過程中教導學生「澄清策略」，來解決不懂的問題。

> T： 請同學們把課文默唸一遍。當你唸到不懂的生字或詞彙時，請你把它先作記號，再和同學老師討論或查字典，或是從上下文內容的線索推敲這個字詞的意思。
>
> T： （老師放聲思考示範教學）
>
> 例如：模仿貓模仿誰都不成，於是牠「沮喪」的走進森林。因為上文說模仿貓到處模仿別人，但是模仿誰都不能成功，於是沮喪的走進森林。所以我們就可以猜「沮喪」可能就有「灰心失望」的意思。

（觀 A 摘 2008.09.08）

當學生默讀完課文內容，我發現大部分學生只圈出一個或兩個詞彙，至於閱讀理解的部分幾乎沒有圈出來。三位焦點學生默讀完也完全沒有記下任何記號。（觀 A 摘 2008.09.08）

　　問他們是不是都懂了。學生反應都懂了，當隨意問他們問題又答不出來，所以可以看出學生對於閱讀理解的監控能力不足。低閱讀能力的學生因為本身詞彙量不足，所以經由上下文關係推敲詞意的能力也相對薄弱。（思 A 摘 2008.09.08）

> T：　讀完了有不懂的地方嗎？
>
> 宏：有。什麼是「旗鼓相當」？
>
> T：　你要不要用上下文的關係來猜猜看意思。
>
> 宏：ㄟ……（停了一會，說不出來）
>
> S9：前面說本來勝利就握在手裡了，結果卻有轉折的意思，就是變得「不相上下」。
>
> T：　還有不懂的地方嗎？
>
> 綺：（微笑不語）。
>
> 銳：好像懂，又有一點不懂。
>
> T：　那我考考你們，什麼是「並駕齊驅」？
>
> 宏：有一點懂，但是說不出來。
>
> 綺：（搖頭）。
>
> 銳：ㄟ……就是……（想要試著解釋，又說不出來）
>
> （觀 A 摘 2008.09.08）

3. 摘取文章大意：

　　我運用兩種方法來引導學生摘取文章大意；第一階段的閱讀文章都是記敘文及詩歌體以 5WH 自我提問法進行；第二階段的閱讀活動以論說文及說明文為主，以思考地圖分析法來摘取文章大意。老師先提出事先寫好的 5WH 字卡說明文章的六個元素：主角誰（Who）？發生了什麼事（What）？什麼時候發生的（When）？在什麼地方發生的（Where）？發生的原因是什麼（Why）？最後如何解決的（How）？接著老師放聲思考示範 5WH 自我提問。

　　T：如果想要說出文章大意，試著用 5WH 來摘要。

表 8-1-2　5WH 重點提問摘要表

T 問	全班 S 答	
主角（**Who**）？	模仿貓。	
地方（**Where**）？	農場裡。	
原因（**Why**）？	羨慕別人。	
發生什麼事（**What**）？	模仿大公雞叫。 模仿大白鵝游泳。 模仿松鼠嗑果實。	結果難為情的走了。 結果差點沒命。 結果嗑不開。
如何解決（**How**）？	松鼠讚美牠動作輕巧。 大白鵝羨慕牠的黑毛。 大公雞讚美牠有教養。 農場主人肯定牠會抓老鼠。	結果： 模仿貓找回了自信。

T：　好，現在我們把這些摘要出來的元素，用自己的話連結成文章大意。

S10：　農場裡有一隻模仿貓，他羨慕大公雞會叫、大白鵝會游泳、松鼠會嗑果實，於是模仿牠們，結果都失敗，沒想到……（基本能力高的學生很快掌握方法）

銳：模仿貓在農場裡羨慕別人，模仿大公雞叫結果……（照著順序唸）

綺：模——仿——貓，嗯——ㄣ——

宏宏：模仿貓以為自己只有缺點，所以一直模仿別人……（完全不理會 5WH）

（觀 A 摘 2008.09.10）

　　提問問題與歸納問題須具備相當的統整能力及背景知識，第一次全班的討論與老師的示範，語文能力佳的同學，很快就能掌握，對焦點學生來說還需要提供更多次的練習機會來練習掌握文章的重點以及作適當的陳述。（思 A 摘 2008.09.10）進行至第二單元「文學萬花筒」時用小組合作的方式，以 5WH 提問題，期待藉由同儕的幫助，使焦點學生逐漸學會文章摘要及與同儕互動合作的技巧，並能統整文章的訊息與掌握內容

脈絡。在小組合作下，各組都能順利利用 5WH 提問法將重點從文章脈絡中分析出來；但是組織陳述的流暢性需再加強。

4.課文內容深究：

摘取文章大意和深究文章內容，都是需要學生能掌握文章內容脈絡，將文章內容轉換成問題的形式，透過自我提問技巧來掌握文章的重點。課文內容深究也是經由團體討論、合作與個別學習的過程，以及學生教師角色互換以提問技巧深究課文深沉的內涵。

> T： 提問的問題有兩種：一種是課文的句子裡就可以找到答案的；另外一種是需要從課文內容去推敲，而推論出答案的問題，這樣的答案在課文的字裡行間隱藏深沉的意義；可以用「如果……」「為什麼……」作為發語詞。後面這種題目最能夠發揮你的聯想力和創造力，鼓勵同學們挑戰。
>
> T： （教師放聲思考教學示範）。例如：湯姆探險發生哪些事？這是第一種提問，在課本裡就可以直接找到答案。你贊成湯姆的行為嗎？
>
> 為什麼？這是第二種提問，需要說出自己的想法。

（觀 A 摘 2008.10.14）

第二、三課內容深究時，我改變以角色扮演方式，學生輪流當老師提問或由學生向我提問，這樣的改變頗能引起學生的興趣。

> T： 現在換你們當老師，如果你們是老師你會怎樣出題？
>
> 宏：這樣比較好玩！
>
> 綺：很好。
>
> 銳：我喜歡當老師。
>
> 銳：這課的主角是誰？
>
> 宏：好沒創意喔！問這種問題。
>
> T： 那你提一個有創意的問題。
>
> 宏：你喜歡湯姆嗎？

　　T：你喜歡嗎？

　　宏：喜歡。

　　T：你的理由是……

　　宏：因為他很勇敢，又有正義感又很好笑，我覺得這樣的人很有
　　　　個性，我很欣賞他。

（觀 A 摘 2008.10.14）

　　宏宏雖然國語文基本能力不足，一提起筆來錯別字一堆，但是只要是沒有限制能隨意創作的時候，就能有很不一樣的表現。但是說話技巧欠佳，所以因此常與同學發生衝突。（思 A 摘 2008.10.14）

　　對宏宏、銳銳來說，提問較為容易，但是有系統陳述就顯得困難。對綺綺來說，只要找到自認為能夠提問的句子就直接加上「為什麼」發問，不管陳述是否合乎邏輯。我發現就以全班而言，學生提出的問題多屬片段、瑣碎、記憶性的題目居多，不需使用高層次閱讀理解的技巧。雖然如此，他們提問題的興致頗高，只要多練習，延伸至其他文本的閱讀，必能成為高級的閱讀者。

（三）行動過程的反思與修正

1.分組上的缺失：

　　第一階段採異質性分組，將焦點學生分別安排於三組，期待藉助同儕的協助來學習，但根據我觀察，因為他們缺乏社交技巧，大部分時候都採被動的態度，在小組裡顯得弱勢，沒有表現的機會，尤其是銳銳，不只得不到同儕的協助甚至演變說話及肢體衝突。第二階段我擬把三位焦點學生放在同一組，期待他們有更多表現的機會，以提升他們學習的動機。

2.獎勵辦法的缺失：

　　班上的獎勵辦法以一個月為單位，設定得章辦法，一個月累積最多的前五名，可以得到獎品。這個獎勵制度，造成成績好、品性優的學生

成為固定的獎勵者，更需要鼓勵表現未盡理想的學生，永遠都只能幫別人鼓掌，所以重新制定獎勵制度，勢在必行。

3.教學上的疏失：

從學生的訪談中可以發現：

（1）澄清不懂的地方：

從學生的問卷中可以發現，學生解決問題的方法只侷限在問老師、問同學、查字典、一般性的提醒，缺乏運用澄清策略加強閱讀理解的監控，可能是因為在教學上並未特別獨立練習。在默讀的過程中，學生會將不懂的語詞圈出，並提出來討論，但是對照前後文關係來推測詞意的方法，或澄清文意的疑惑上，還無法有效的掌握，或是害怕自己提太多問題被同儕譏笑。在第二階段教學中將以蓋章鼓勵方式加強。

（2）摘取文章的重點：

三位焦點學生，都能獨立用 5WH 提問策略摘取文章重點，但是寫出文章大意時還會出現對話句，或上下脈絡不連貫的情形。我反思可能是因為第一階段課文都是記敘文或應用文的關係，所以未強調形式，致使低閱讀能力學生無法掌握事情發生的順序作描述。第二階段教學活動將強調形式的探究來改進。

（四）第二階段閱讀教學活動實施歷程

第一階段結束，我以自己教學中的觀察、對三位焦點學生進行訪談的反應以及閱讀教學後的測驗結果，作第二階段教學的修正。第二階段以康軒六上第三、四單元為教學教材，將第一階段發現的教學問題加以修正改進外，也保留其他不錯的方式，進行第二階段的教學活動。

1.重新分組：

第二階段教學活動實施前，為了改進採異質性分組的缺失，老師以半強迫性將三位焦點學生放在同一組：一來增加他們表現的機會；二來避免

他們在小組裡的弱勢和發生口角的衝突。徵求一位有愛心肯幫助他們的同學成為組員，並且告訴全班老師隨時支援這組，以得到全班的認同。

在一次分組寫課文大意的過程中：

宏：這課的主題是書生與富商，所以表示他們都是這課的主角。

綺：「我覺得這句要寫。」（一向少話的銳銳也發表想法，指著她畫的重點）

銳：「不然改為這樣寫好了，書生和富商……」

（觀A摘 2008.12.10）

三位學生你一言我一語認真專注的討論起來，一向在小組裡只負責搗蛋、爭吵及發呆的三個孩子，終於找到一個讓他們安全的發表想法的環境。（思A摘 2008.12.10）

2.重新制訂獎勵制度：

為了避免獎勵成為優等學生的專利，重新訂定一個人人都有希望的獎賞辦法，符合人人有獎，達成每個孩子的期待，激發努力前進的心，鼓勵孩子跟自己比；只要上課發言、認真討論、幫助別人、寫作業、為班上服務、為校爭光……都可以蓋章，採密集式蓋章，集滿20個章可以兌換戳戳樂一次，40個章對換2個戳戳樂，依此辦法累進，努力越多得獎越多；並請學生發揮創意提供點子，讓禮物推陳出新，更具吸引力。

3.調整教學活動：

(1)系統性介紹每個閱讀活動所使用的策略：

為了讓學生更能抓住學習的方法，使他們熟悉每個活動需要使用的策略，儘量使學習步驟化、簡單化、易學易記。於是將這些策略製成海報，詳細說明，並於每課文章導讀時再次複習。

(2)澄清語意、文意的困惑：

因為考量到閱讀時，學生最先接觸的就是生字的解碼及字詞的理解，這些與整篇文章的理解有密切的關係，並且提問的基礎建立在對整篇文章是否充分的理解上。新移民女性子女因為語文基本能力不足，對文字的敏覺性不高，前段教學只口頭示範，可能無法完全理解，修正為以板書詳盡說明，並搭配獎勵制度增強對話與討論的意願，企圖建立澄清詞意及文意的模式。

> T：默讀的時候如果有不懂的地方你就圈起來，讀完後就在附近尋找會影響語意的語詞畫下來，根據線索推敲詞意。(老師板書示範)
>
> 銳：什麼是「一錠」銀子。
>
> T：一錠旁邊有銀子，銀子是錢。就好比我們說「一百」元、「一千」元。
>
> 銳：喔！我知道了是數詞。
>
> T：好聰明。
>
> 銳：我有發言可以蓋章嗎？
>
> T：當然。
>
> （觀 A 摘 2008.11.26）

只要針對上課討論主題發言就可以蓋章，全班同學搶著發言，對銳銳和宏宏更是如此，平日的晃神女王和天王在上課的時候突然清醒了過來。

(3)探究形式摘取課文大意：

第一階段教學活動使用的課文，文體多為記敘文或故事類，學生對於這類的文章結構較為熟悉，情節較吸引人，與生活息息相關，因此學生在閱讀時較容易內化故事結構來陳述；但是第二階段課文出現說明文和論說文，學生缺乏適當的認知協助下，思考歷程困難，所以 5WH 摘要重點法並不適用，於是轉而指導以思考地圖將文章內容摘要結構後，描

述大意。就以第三單元「文化巡禮」來說，前兩課〈馬可‧波羅遊記〉及〈菊島巡禮〉都是以記敘文描寫遊記，第三課以說明文說明〈地底下的故事〉。前兩課引導學生依照 原因 、 經過 、 結果 等旅遊的歷程從文章中摘取重點，第三課則以 總說 、 分說一 、 分說二 、 分說三結果 為結構畫出思考地圖於海報上，請學生依照結構圖陳述課文大意。並陳列海報將兩種不同的結構的遊記對照分析說明。

> T：用思考地圖來摘要文章重點，你覺得會難嗎？
>
> 宏：有點難。
>
> 綺：老師把大標題（歸納出來的上階概念）寫在上面後，再找答案就比較簡單。
>
> 銳：還好。
>
> T：你可以看著海報上的圖，用自己的話寫出大意嗎？
>
> 宏：這樣比較簡單，跟說故事一樣啊！（與聆聽說話教學時一樣）
>
> （訪 A 摘 2008.11.11）

整個閱讀補救教學活動中，我扣緊三個方向進行：

(一) 老師以團體討論、分組合作及獨立學習的方式的步驟進行，以學生為中心，老師擔任引導者及協助者的角色，引發孩子的思考、創造以成為學習的主體。

(二) 指導學生運用預測策略、畫線策略、摘要策略、澄清策略、提問策略來學習閱讀，並在每一課中重複熟練，以簡單化步驟化為原則。

(三) 顧慮到三位焦點學生缺乏自信的特質，儘量製造他們發言及表現的機會以提升興趣及成就，並獲得同儕的認同。

二、生字詞彙補救教學歷程

對高年級學生來說，生字筆劃習寫，字音字形字義的連結，一般程度的學生都能運用上下文推測、查字典等策略來自學，一週國語只分配

到五至六堂課，所以識字寫字教學在國語文教學裡，能分配到的時間有限，只能以自學並透過同儕分享為原則，老師著重在易錯字、形近字、形聲字的辨識習寫及詞彙網的擴充。我觀察三位焦點學生習寫簿、聯絡簿的重複錯字及康軒第十一冊課文以單元劃分，在該單元內提取容易錯的字、同部首出現最多的字、部件拆字記憶及詞彙網聯想來擴充詞彙作為取材的方向，以編寫教學活動。

（一）取材內容（表 8-1-3）

表 8-1-3　生字詞彙補救教學取材表

單元別	單元名稱	教材內容			
		易錯字 （基本字帶字）	形近字 （部首表義）	形聲字 （聲旁表音）	詞彙網 （詞彙量擴充）
一	成長記事	方：訪、仿、坊、彷、紡、妨 者：賭、睹、堵、諸 兼：謙、歉、嫌	口：嗑、咕、譏、嘹、呐 水：津、淹、淋、沾、混、涎、沮 手：撫、拚、抑、按、拼	嘹、逍、淋、憑、譏、籽、芥、蒂、瞬、爆	湯姆——機伶敏銳、臨機應變、勇敢正義、調皮搗蛋、幽默風趣、好奇冒險。
二	文學萬花筒	辡：辦、瓣、辨、辯、辦 喿：躁、燥、噪、譟 卓：悼、掉、綽、棹	心：悼、恤、惕、悔、忡、懼 言：諷、誇、謙、諧、譟、譯 辶：逐、逐、逆、逍、邏	葵、搗、喇、叭	與虎有關的成語——狐假虎威、與虎謀皮、豺狼虎豹、馬路虎口、虎頭蛇尾。
三	文化行腳	某：煤、媒、謀 敝：蔽、幣、弊、斃 甬：俑、蛹、勇、涌、桶	广：疾、瘠、痴、疲 火：煌、煤、爆、煉、烽 人：佇、俑、偕、侯、倆、仿	煌、杭、蔽、銘	景觀描寫—— 1. 熙熙攘攘、熱熱鬧鬧、來來往往、鑼鼓喧闐、五彩繽紛。

				2.珍禽異獸、金碧輝煌花廊水樹、滄海桑田、栩栩如生。
四 思考的重要	構：構、溝、購、講 令：伶、玲、聆、鈴 吉：結、詰、桔、拮、劫	月：膝、脊、腰、脅、膩 艹：莓、蒂、葵、菊、蔽 金：鐲、錶、銘、鈕、鍾、鍵	繽、懊、錶、邏佐、婉、殃、誌、鍵	懊惱不已－悔恨交加。 慎世嫉俗－感恩惜福。 發憤圖強－力求精進。

（二）生字詞彙補救教學步驟及學習策略運用

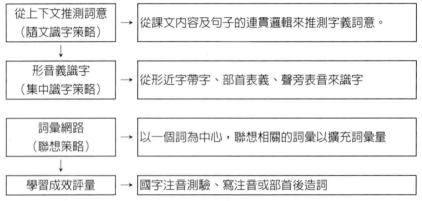

圖 8-1-2　生字詞彙補救教學流程圖

1.隨文識字策略

以「字不離詞、詞不離句、句不離篇」，將識字融入於閱讀，從上下文推測詞意的方法來識字。

　　T：當你們閱讀的時候，萬一遇到不懂意思的字或詞怎麼辦？

　　銳：查字典。

T：可是我很想知道故事情節的發展，停下來查字典是很掃興的事，這時候你可以先作記號或從上下文關係來推測詞或字的意思。

T：現在你們默讀課文，遇到不懂得詞先猜猜看或作記號，等一下小組討論或提出來全班討論。

（默讀後小組討論澄清疑問，小組無法解決的部分全班一起討論）

S5：老師「警惕」是什麼意思？

T：你可以試著從上下文的意思去猜猜看「警惕」的意思。

S5：是「警告」的意思嗎？

T：大家翻到四十七頁賞析的後面算來第三行下面，從狐假虎威開始唸……

S（全班唸）：狐假虎威的故事也警惕我們：對於各種事物，要深入的觀察、思考，才不會被表面的現象所蒙蔽。

T：哪位同學願意用「警告」來造一個句子？

S7：我警告你，如果你再欺負同學，我就會向老師報告你的惡行。

T：很好！那現在你們從這兩個句的意思區分看看「警告」和「警惕」的差別？

宏：有一點像又有一點不像。

T：你覺得哪裡像？哪裡不像？

宏：都有「警告的意思」，警惕多一個「惕」。

T：猜得不錯喔！那「惕」是什麼意思？

宏：ㄟ……猜不出來。

S9：「惕」是「忄」部，所以我猜和「心裡」有關係。從整句來看大概是說心裡要隨時想著這件事。

T：猜得非常棒，「惕」有心有易，易除了可以解釋「容易」也有「管理」的意思。所以「警惕」有把自己的心管好，隨時警戒、提醒、注意的意思。

（觀 B 摘 2008.10.20）

　　將識字融入課文，從課文中提取生字或詞彙，較能符合兒童具體到抽象認知的原則，從文句中推測字義或詞義，從學生的表現來看確實能加深理解及學習的興趣；但是因為是單獨學習缺乏比對及歸類較難掌握識字規則。（思 B 摘 2008.10.21）

2. 部首識字策略

　　運用中文字部首表義的特性，讓學生分析、比較、分化、辨認和理解；掌握規律，化難為易來學習。

　　T：上節課，小朋友利用上下文的關係來推測詞意，做得非常
　　　　棒，其中 S9 還用部首來猜「惕」這個字，現在小朋友可以
　　　　試著把課本裡所有「心」部的字都找出來。

　　　　（分組找出所有心部的字，寫在黑板上老師畫好的表格內）

　　T：從這些字來看，小朋友可以歸納出它們共同的特性嗎？

　　S9：這些字都和「心」有關係。「憤」是心裡很生氣；「懼」是
　　　　心裡很害怕；「惕」是提醒心裡注意這件事。

　　T：綺綺，你說說看那「悼」是什麼意思？

　　　　（綺綺看著天花板，說不上來）

　　T：你要不要翻回第五課〈湯姆歷險記〉，再看一次？

　　綺：「哀悼」是心理傷心想念他。

　　T：請用哀悼造個句子？

　　銳：我幫他造。親人過世的時候要唸經哀悼他。

　　T：現在我們來幫這些字造詞和造句，發表的人可以蓋章。

　　　　（為了蓋章學生踴躍搶答）

　　T：所以中國字的部首和字的意義有密切的關係。用部首來猜字
　　　　或記字是很好的方法。

　　　　　　　　　　　　　　　　　　　　　　（觀 B 摘 2008.10.21）

　　國小生字教學中，「部首」教學一直都是教學的重點，因為部首表義的功能及位置較固定，規律性較能掌握，而且能快速查字典來了解字義，對三位焦點學生來說較能判斷與運用。（思 B 摘 2008.11.12）

3. 形近字帶字識字策略

　　針對課文中容易混淆的生字，利用中文字組字規則的特色，以一組字分析部件，歸納出相同的構件母體字，帶出合體字，經歸類、對比、凸出漢字結構；除了能釐清易錯字也能擴充詞彙量。

> T：在這課裡〈向日葵〉有個花瓣的「瓣」字，瓣是「辡＋瓜」
> 　　和它外形很相似的字有很多，好比說中間的「瓜」換成「力」
> 　　就是「辦」，「辦公」的辦，還有？
> S2：換「言」就是「辯」，「辯論」的辯。
> S7：換「ㄙ」就是「辨」，「辨別」的辨。
> S12：換「糸」就是「辮」，「辮子」的辮。
> T：你們能幫這些詞造個句子嗎？

（觀 B 摘 2008.10.1）

　　在形近字帶字的識字策略中，先拆開生字的部件找出同部件的偏旁，再分析不同的部件，將各自獨立的異體字結合成合體字，從規律中學生較容易記憶生字，表現也特別的好。（思 B 摘 2008.10.01）

4. 形聲字識字策略

　　形聲字是由代表事物意思的一個形符（部首）和代表事物聲音的一個聲符組合而成。如果已經知道生字的讀音可以從部首猜測字義，如果不會注音可以蓋住部首後猜測讀音。

> T：中國字有些是形聲字，形是形狀，從字的形狀看出意思；聲是聲
> 　　音，代表發音。例如：大公雞那一副「嘹」亮的嗓子，更讓模仿
> 　　貓十分欣羨。「嘹」這個字，口是公雞的叫聲，尞是這個字的發
> 　　音。當你遇到生字，你也可以利用這樣的規則去記或猜測生字的
> 　　意思或發音。
> T：現在你們試著 1～3 課裡把形聲字找出來？我們分三組比
> 　　賽，看哪一組找得最多？請寫在黑板上，各組需上臺說明。

（觀 B 摘 2008.11.19）

　　三位焦點學生在找形聲字的過程中，發生較多的錯誤，可能是對部首意義及字音辨讀的認知較薄弱的關係。（思 B 摘 2008.11.19）

5. 詞彙網聯想擴詞策略

> T： 現在我們來玩個動動腦的遊戲，我說一個詞，你們用你的聯想力和創造力來聯想所有與這個詞相關的語詞，一個個傳下去，不是接龍，不必接最後一個字，五拍內接不下去就淘汰，最後五位勝利者蓋兩個章。
>
> T： 向日葵。
>
> 宏： 聽到向日葵，我就想到太陽（全班拍手打節奏）。
>
> S2： 聽到太陽，我就想到金黃色。
>
> S： 金黃色－注目禮－鞠躬－樂隊－喇叭－日出－日落－綻放－陽光……（學生把向日葵這課的語詞全唸光了）
>
> （觀 B 摘 2008.10.09）

　　想要利用腦力激盪的方式，老師先提出一個中心詞，讓小朋友聯想所有相關聯的語詞，因為需要在五拍內說出來，而且加上節奏營造氣氛，所以活動進行得既緊張又熱鬧，但是缺少網絡階層的統整，待學生聯想學習熟悉後，再以詞彙網圖示加強。（思 B 摘 2008.10.09）

> T： 小朋友，今天的動動腦遊戲，老師出的題目是：「澎湖」。我們改變進行的方式。利用分組比賽方式進行，各組先用腦力激盪法想出所有與「澎湖」有關的語詞（不可查字典），再把它分類成網路圖。（老師放聲思考示範網路圖作法，邊繪圖邊說明）想到澎湖於是我想到菊島、島嶼文化、熱帶氣候……菊島我想到天人菊、乾旱、貧瘠、防風牆……島嶼文化我想到珊瑚礁、望夫石……依此類推。
>
> S3： 老師可以看課本嗎？
>
> T： 暫時先不看課本，每組組員都要努力想，為小組貢獻。待會兒，各組分享時，可以看看別人的再看看自己的，學習別人分享自己。
>
> （觀 B 摘 2008.11.13）

　　詞彙網教學，我希望學生除了能聯想相關語詞，並且能用自己的想法分類，以加深記憶，活化運用這些詞語於寫作或說話甚至生活中。（思B 摘 2008.11.13）

三、聆聽說話補救教學實施歷程

　　整個聆聽說話教學活動分三階段進行，第一階段以兩篇故事示範及熟悉活動流程，活動後師生共同討論反思修正，形成第二階段活動，熟悉聆聽說話教學後回歸正式課程與同儕合作學習，以穩定學習策略。

（一）取材內容

　　教材選擇《康軒教師手冊》提供的聆聽說話範本，因為篇幅小、難易適中、文字簡潔、故事情節具教化意義發人深省及所花費時間較少，除了能保持聽者較高的專注力外，也能解決學校活動多，課程安排吃緊的現狀。

表 8-1-4　聆聽說話教材內容

實施階段	實施期程	主題名稱	目的
第一階段	10/14.15	一個蘋果	試探性學習
	10/21.22	自相矛盾	
第二階段	11/04.05	兩個水桶	熟練技巧運用
	11/11.12	學玉	
第三階段	11/18.19	模仿貓	強化穩固學習
	11/25.26	湯姆歷險記	

（二）教學步驟與策略運用

　　對於語文能力較弱學生，必須教導較簡易而有效的學習策略。在一個不受干擾安靜下的環境進行，聆聽時態度的專注、記憶與理解聆聽內容，是重要的條件。所以在每次活動進行前，必定再一次提醒聆聽態度的認知。從主題預測故事情節（預測策略），增進對聆聽故事的興趣及對故事

基本結構的掌握，透過填空式概念構圖（作筆記策略），增加學生專注力及產生自我約束的效果，藉以搭起口述故事的鷹架，輔以角色扮演（演劇策略），加強對故事內容的理解以成就學生說話的能力。活動流程如下：

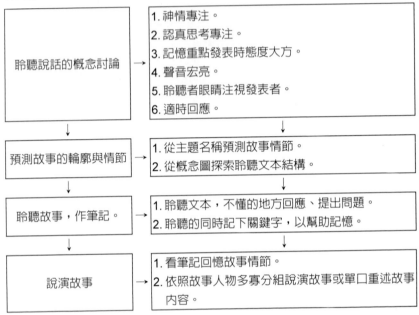

圖 8-1-3　聆聽說話教學活動流程圖

【主題一：一顆蘋果】

　　一場沙漠風暴使一位旅行者迷失了方向。糟糕的是，旅行者裝水和乾糧的的背包都不見了。他翻遍身上所有的口袋，找到了一個蘋果。「啊！我還有一顆蘋果。」旅行者驚喜的叫著。

　　他握緊蘋果，獨自在沙漠中尋找出路。每當口渴、飢餓的時候，他都看一看手中的蘋果，抿一抿乾裂的嘴唇，彷彿增添不少力量。

　　一天又一天的過去了。有一天，旅行者終於走出了荒漠。他始終未曾咬過一口蘋果，已乾枯的不成樣子，他卻寶貝似的一直緊握在手裡。

　　在深深讚嘆旅行者之餘，人們不禁感到驚訝：一個表面上看來多麼微不足道的蘋果，竟然會有如此不可思議的神奇力量。

1. 聆聽說話認知概念討論：

T：現在老師要說一個故事，你們要一面聽一面作筆記，記下重點；要怎樣才能聽到重點？

宏：要認真聽。

T：只有認真聽就能聽到重點嗎？什麼是認真聽？

銳：就是要專心，嗯～還要用頭腦去想。

T：非常好，可是要怎麼想？

銳：把自己融入到故事裡。

T：ㄟ，不錯的想法。還有？

宏：要一面聽一面記故事，免得忘記。

T：綺綺你覺得？

綺：（笑而不答）

（觀 C 摘 2008.10.14）

2. 預測故事內容：

T：老師要說的故事叫「一顆蘋果」，你們猜猜看是一顆怎樣的蘋果？

銳：好吃的蘋果。

宏：可能是有特異功能的蘋果吧！。

T：綺綺，你也猜猜看

綺：不知道。

T：好！答案馬上就要揭曉了。

（觀 C 摘 2008.10.14）

3. 聆聽故事並作筆記：

T：（發下學習單，並解釋文章概念結構）待會兒，老師開始說故事，你們要一面聽一面依照老師給你們的學習單上的故事結構表做筆記，記下「主角」、故事發生的「背景或原因」、故事的經過主角有什麼「動作」、之後有什麼「反應」、最後「結果」怎樣？如果不清楚的地方可以隨時提問，這樣了解嗎？

（觀 C 摘 2008.10.14）

老師口述故事：因為是第一次實施聆聽說話教學，為了讓研究對象熟悉操作的過程，所以我以故事結構為段落，分段口述內容，並提示重點。

> T：（口述故事）一場沙漠……糟糕的是……都不見了。
> T：（提問）主角是誰？發生什麼事？
> （學生作筆記）
> T：（口述故事）他翻遍全身……
> T：（提問）旅行者東西都遺失了，於是他開始有了什麼動作？
> （老師一面口述故事，一面提醒不懂的地方可提問）
> 銳：老師什麼是「微不足道」
> T：就是看來不起眼、不重要的東西。
> 銳：喔！
>
> （觀 C 摘 2008.10.14）

4. 討論：

> T：為什麼蘋果有神奇的力量？
> 宏：如果把蘋果吃掉，他的希望就沒了，不知道會不會找到出口。
> 銳：因為蘋果是他的希望。
> 宏：如果沒希望就沒救了。
> T：所以每個人都要有希望。
>
> （觀 C 摘 2008.10.14）

5. 重述故事內容：

> 宏：有一位旅行者他在沙漠迷失了方向，更糟糕的是發現自己的水和乾糧都不見了。口袋裡只找到了一顆蘋果，他握緊蘋果一路找到出口，然後——然後——他一直都沒有把蘋果吃掉，因為這是他唯一的希望，最後人們——最後人們——雖然蘋果乾枯也能發揮神奇的力量。

綺：旅行者在沙漠中迷失了水和乾糧。他只有一顆蘋果——（停六秒）他緊緊握著那顆蘋果，他——他——口渴飢餓他最後都始終沒吃掉牠，所以那顆蘋果有神奇的力量。

銳：有一位旅行者在沙漠中迷失了方向。他的水和乾糧都不見了，好在他還有一顆蘋果，他緊緊握著那顆蘋果，他口渴飢餓時看看蘋果，最後他找到了出口，人們就說蘋果有神奇的力量。

（觀 C 摘 2008.10.15）

【主題二：自相矛盾】

　　從前有個小販，在街頭販賣矛和盾。他說：「看我的盾，多麼堅固！它是用最堅韌的材料做的，不論什麼東西，都不能刺穿它。」過了一會，他又舉起長矛說：「看！這支長矛多麼鋒利！它是用最堅硬的材料做的，不管什麼東西，都能刺破。你們大家來開開眼界吧！」

　　有個聰明的書生聽了，走到小販的面前問道：「如果用你的矛去刺你的盾，又將會如何呢？」那位愛吹噓的小販被他一問，卻啞口無言。

1.預測故事內容：

T：現在老師要唸的故事是「自相矛盾」，猜猜看故事內容？

宏：聽不懂。

銳：「矛盾」好是兩個相反。

綺：我也聽不懂題目。

（觀 C 摘 2008.10.21）

2.唸故事、討論故事：

T：唸完故事，知道什麼是「自相矛盾」了嗎？

綺：什麼是「矛」「盾」我不知道。

T：看過古裝劇嗎？打仗的時候，士兵手上拿的那種兵器？

宏：我看過。（用手比劃了一下刺、擋的動作）

187

綺、銳：喔！看過。

（觀 C 摘 2008.10.21）

3.說演故事：

（1）說故事於下節成效檢測時詳述，再此暫略。

（2）演故事：角色分配——小販（銳銳）、書生（綺綺）。

> 小販：來來來，大家來看我的盾，我的盾什麼都刺不破它。我的
> 矛是用最堅固的材料做的什麼都刺的破。
> 書生：那用你的矛和盾互相刺會怎樣？
> 小販：ㄊㄜ……

（觀 C 摘 2008.10.22）

（三）教學檢討與修正

1.先完整陳述一遍故事後，再複述一遍（一面說一面引導作筆記）

第一階段聆聽說話教學，先以提問引導進入故事結構，以幫助學生理解文章內容、釐清概念，並學習在結構引導下作筆記，記下故事的重點。經過老師的反思及與學生討論後發現，這種方式造成故事的切割，學生無法融入整個故事情境，於是擬於下階段教學修改為老師先將故事說一遍後，學生回憶故事，老師再分段複述故事，引導學生作筆記。（思 C 摘 2008.10.22）

> 銳：老師你可以一共講兩遍故事好嗎？一遍講完再一遍，這樣我
> 會聽得比較清楚。
> 宏：是啊！我也覺得。
> T：綺綺，你？
> 綺：（點頭微笑）
> T：你們的意思是說先說一遍，故事聽得比較完整，比較能融入
> 故事情境嗎？

（訪 C 摘 2008.10.22）

2. 能以故事結構作筆記，但說故事文句的組織不流暢：

從這兩篇故事來看學生作筆記的的情形，因為在老師一個個提問中作答，以及故事簡短，複雜性不高，所以筆記的紀錄未發現遺漏的部分，至於口述故事時，在發表的過程中，學生口語偶而欠流暢，導致語意不清。尤其是綺綺，說完一句話間隔停時間過長而且頻繁，或完全照著筆記唸下來，對故事的理解及脈絡之間缺乏連貫。銳銳的口語表達就顯得流暢又有條理。宏宏筆記不夠完整，口述時流暢性也有待加強，但是能用自己的話將故事的重點描述出來。（思 C 摘 2008.10.26）

> 綺：「在沙漠中迷失了水和乾糧（方向）」「飢餓口渴時始終沒吃
> 　　掉它，所以蘋果有神奇的力量」「小販（說）看那矛多麼堅
> 　　固」「用你的矛和盾互相刺會怎樣？」
>
> （觀 C 摘 2008.10.26）

3. 先演再說，能增進對故事理解，增進口述故事的完整：

學生口述故事後，以角色扮演方式演出故事，學生都認為好玩、能增進對故事內容的理解，但是用演的方式更容易馬上進入故事情境，理解故事內容。

> T：你們覺得演完後有什麼感覺？
> 宏：比較能夠深刻了解內容。
> T：用說故事的方式還是演故事的方式比較簡單？
> 銳：用演的。
> T：用演的和用講的你比較喜歡哪一種？
> 綺：用演的。
> 銳：用演的比較容易記住故事內容。
> T：那下一次我們試著先用演的再用說的，你們覺得好嗎？
> 　　（學生異口同聲說：好！顛倒過來）
>
> （訪 C 摘 2008.10.27）

【主題三：兩個水桶】

　　一位挑水夫，有兩個水桶，分別吊在扁擔的兩頭，其中一個桶子有裂縫，另一個則完好無缺。在長途的挑戰之後，完好無缺的桶子，總是能將滿滿一桶水從溪邊送到主人家中。但是有裂縫的桶子到達主人家時，卻只剩下半桶水。

　　兩年來，挑水夫就這樣每天挑一桶半的水到主人家。好桶子對自己能夠將整桶水送達感到很驕傲，而破桶子？對於自己只能負起責任的一半，感到羞愧。

　　有一天，破桶子終於忍不住對挑水夫說：「我很慚愧，必須向你道歉。」

　　「為什麼？」挑水夫問道。「過去兩年，因為水從我這邊一路的漏，我只能送半桶水到你的主人家，我的缺陷使你只收到一半的成就。」破桶子說。

　　挑水夫替破桶子感到難過，他滿懷愛心的說：「當我們回家時，我要你留意路旁盛開的花朵。」他們走在山坡上，破桶子眼睛一亮，繽紛的花朵，開滿路旁。這景象使他開懷不已。但是，走到小路的盡頭，它又難受了，因為一半的水又在小路漏掉了。

　　破桶子再度向挑水夫道歉，但挑水夫對破桶子說：「你有沒有注意到小路兩旁，只有你的那一邊有花，好桶子的那一邊卻沒有花呢！」

　　「我明白你有缺陷，因此善加利用，在你那邊的路旁灑了花種，每回我從溪邊回來，你就替我一路澆了花！兩年來，這些美麗的花朵裝飾了主人的餐桌。如果不是你，主人的桌上也沒有這麼美的花朵了！」

　1.預測故事內容：

　　T：今天要講的故事是「兩個水桶」，猜猜看這個故事可能是說什麼？

　　銳：說兩個水桶它們的關係。

　　宏：它們是好朋友吧！

（觀 C 摘 2008.11.04）

2.說故事、討論故事內容作筆記：

T：這個故事有哪些角色？

銳、宏：挑水伕、好桶子、破桶子。

T：這個故事經過怎樣？

宏：說破桶子一直漏水。

T：還有？好桶子怎樣？破桶子怎樣？

銳：好桶子很驕傲，破桶子很慚愧。

T：主人要他注意什麼事？綺綺你說說看？

綺：ㄟ……花。

T：路邊的花，只有哪邊才有？

宏：破桶子那邊。

T：挑水伕為什麼要在破桶子那邊灑花的種子？

銳：破桶子漏水可以澆花。

T：所以我們說挑水伕利用破桶子的什麼？

s：……（沒人回答）。

T：現在我再唸一遍故事，筆記不完整的部分再補充喔！

（觀 C 摘 2008.11.04）

3.演故事：角色分配——破桶子（銳銳）、好桶子（綺綺）、挑水伕（宏宏）：

銳：挑水伕我很慚愧，因為我只能送半桶水到你主人家。

宏：沒關係。你注意看我在挑水旁邊的路。

銳：哇！好漂亮的花。

銳：挑水伕我又很對不起你，我又只能送半桶水到你家。

綺：我可以送整桶水到主人家。

宏：我利用你的缺陷來澆這些花的，這兩年來我利用這些花來布
　　置主人的餐桌。

（觀 C 摘 2008.11.05）

【主題四：學玉】

　　有一個少年叫小羽，從小住偏遠的山區，偶然聽人說起，世界上最有價值的石頭叫做「玉。」有人說：「玉的學問可大呢！要經過長時間的學習，才能分辨出玉的好壞。」

　　小羽對玉起了無比的嚮往，就向人打聽在何處可以學習玉的學問。有人告訴他在遙遠的城裡，有一位知名的玉石專家。小羽興奮不已的跑到城裡，求那位玉石專家教他。玉石專家看小羽聰慧誠懇，就答應收它為徒弟。

　　師父對小羽說：「學玉不是短時間就會，一個學玉的人，要先懂中國的歷史。」於是，他開始講中國歷史，每天上課前，都會交給小羽一塊玉，要他邊聽邊把玩。

　　中國地理又講了一半，小羽不耐煩了。他問老師：「老師！我到底什麼時候才可以開始學玉？」老師說：「別急！別急！接下來我要講中國文化，一個不懂文化的人是不可能懂玉的！」於是，老師開始講中國文化。還是一樣，每次上課前交給小羽一塊玉，叫他撫摸把玩。

　　中國文化又講了一半，小羽更不耐煩了，他常常問老師：「老師！我是來向你學玉的，為什麼你講了三年課，都沒有講到玉，到底什麼時候開始學玉？」老師說：「別急！別急！今天我們要講中國藝術，不懂中國藝術的人不會懂玉的。」說完和往日一樣，交給小羽一塊玉。

　　小羽握著那塊玉，忽然大叫起來：「老師！今天你交給我的這塊，不是玉！」

　　老師開心的笑了起來，說：「現在我們可以開始學玉了！」

1.預測故事：

　　銳：一個人要學怎麼雕琢玉，去請教師父，師傅就教他。

　　宏：可能是說學習就像玉一樣寶貴。

　　綺：一個人要學玉……

（觀 C 摘 2008.11.11）

192

2.討論、提問作筆記：

宏：為什麼故事沒有結局？

T：師父說：「現在可以開始學玉了！」這就是結局。

T：什麼是「玉」？

銳：世界上最寶貴的石頭。

T：小羽想學玉於是做了什麼動作？

T：唸故事（第二段）小羽去哪裡？找誰學玉？

s：城市。師父。

T：師父有什麼反應？唸故事（三.四段）。

T：先講什麼？

銳：中國歷史。

T：之後？

宏：中國地理。

T：然後～綺綺。

綺：古……文化。

T：還有？

銳、宏：藝術。

T：講課時都交給小羽什麼？

s：「玉」。

T：結果怎樣？

宏：小羽說：「這塊不是玉」。

銳：師父說：「可以學玉了」。

T：師父這句話代表什麼意義？

銳：給他一塊玉，就是學玉，摸久了就可以知道玉是真的還是假的。他那時就是在學玉，他自己不知道而已。

綺：玉摸久了就可以知道玉是真的還是假的。

宏：我覺得不是表面上看的意思，是要告訴我們一個人做事如果一次一次練習就能夠學會。

（觀 C 摘 2008.11.11）

3. 演故事：角色分配──銳銳（小羽）、師父（宏宏）、鄰居（綺
綺）：

銳：請問世界上最有價值的石頭是什麼？

綺：是玉？

銳：在哪裡可以學玉？

綺：在城市。師父那裡。

宏：學玉是件不容易的事，在學玉之前你先要學會中國的……中國
的……。（師提示歷史），我要跟你說中國歷史，這塊玉給你。

銳：好。

宏：現在講中國地理，這塊玉給你。

銳：謝謝（接過玉），師傅到底我什麼時候學玉啊？

宏：別急！別急！現在來講中國文化。

銳：師父，我是來學玉的，我不是來學歷史、地理、文化。

宏：別急！別急！現在我再拿一塊玉石給你，來談談中國的學藝
（更正：藝術）。

銳：師父，這不是玉。

宏：你可以學玉了。

（觀 C 摘 2008.11.12）

　　三位焦點學生經過兩階段的練習後，我於國語課選擇故事體文章對
全班同學實施第三階段聆聽說話教學，以小組教學模式，與同儕互動，
不論是文章內容的討論、概念構圖的繪製，或是口述發表，學童能充分
進行有焦點的對話，練習有效的溝通。第三階段聆聽說話教學，教材內
容選用國語課本康軒第一課〈模仿貓〉及第五課〈湯姆歷險記〉。延續閱
讀及生字詞彙教學討論後，老師再次朗誦課文，學生依照老師的提示架
構作筆記、說演故事。

【主題五：模仿貓】

　　預測故事內容（略）。

　　聽故事作筆記。

　　這是一則很棒的故事，讓我們以這則故事為聆聽文本，先以「概念構圖」思考文章的結構，再用心聽。

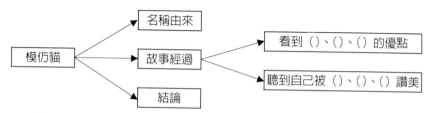

圖 8-1-4　模仿貓填空式文章概念結構圖（參考資料：楊芬香，2007）

> T：模仿貓這個故事很有趣，老師想讓大家演一演、說一說這個故事。
>
> S：好耶！
>
> T：老師再次朗讀一遍課文內容，你們依照老師的填空式概念構圖作筆記。

（觀 C 摘 2008.11.19）

4. 說演故事：

　　經過團體討論聆聽說話概念認知、老師朗讀課文學生作筆記、分組討論分配角色演故事、個人複述故事的過程。老師企圖將平面的知識轉化為行動累積的能力。

> T：演故事時各組可以採用各種不同的方式，「讀者劇場」、「故事劇場」或「舞臺劇」都可以，形式不拘。請各組組長與組員討論：演出的形式、角色的分配、劇本的演練、道劇的製作……。

（觀 C 摘 2008.11.19）

　　第二天表演時一組採讀者劇場，兩組採故事劇場形式演出。一組四人，三位焦點學生這組採用平常練習的模式，負責表演，加上一位旁白演起來有模有樣，態度自然而且自信，並不輸給他組，甚至超越。

　　T：你們今天演得很好，你們是怎麼做到的？

　　宏：平常我們都是看著筆記說故事的，所以我演的時候就一直記
　　　　著筆記寫的。

　　銳：對啊！想著筆記的架構就不會忘記了。

（訪 C 摘 2008.11.19）

　　說話聆聽補救教學我採用預測故事、聆聽作筆記、演說故事等策略
強化學生聆聽說話的能力，教材由簡至繁由短到長，逐步引導說話表達
的技巧與能力，經過六次的練習後，學生已經能抓到訣竅，表現越來
越好。

四、寫作補救教學活動歷程

　　寫作是學生普遍的困擾，對低成就的孩子來說更是如此；寫作教學
也在在的考驗著老師的專業能力，更是無法承受的重。從五年級下學期
我擔任他們的國語課開始，不管老師如何威脅利誘，三位焦點學生從未
完成一篇作文，對作文完全失去信心，也不願嘗試；啟動他們的「動機」、
「信心」及「成就感」成為我的教學目標，教學過程採循序漸進方式，
題材與生活經驗結合來豐富寫作內容，並在他們認知能力所能承擔的情
況下，設計寫作教學活動。

（一）寫作補救教學分二階段進行，配合課文讀寫結合，完成四篇作文（安排如表 8-1-4）

表 8-1-5　作文補救教學課程表

階段	實施期程	課文閱讀單元	主題（自訂名稱）
第一階段	9/22～9/26	成長記事	下課十分鐘
	10/20～10/24	文學萬花筒	最難忘的一件事
第二階段	11/24～11/28	文化行腳	貓貍文化之旅
	12/23～11/26	多角度看報導	城鄉交流記趣

196

（二）教學活動步驟及策略運用

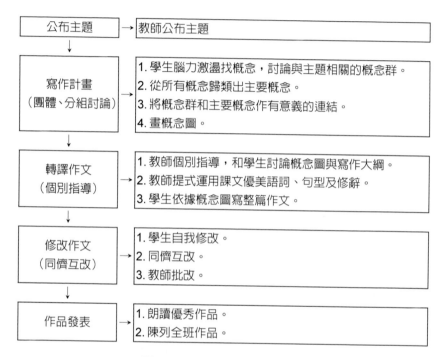

| 公布主題 | → | 教師公布主題 |

寫作計畫
（團體、分組討論）
1. 學生腦力激盪找概念，討論與主題相關的概念群。
2. 從所有概念歸類出主要概念。
3. 將概念群和主要概念作有意義的連結。
4. 畫概念圖。

轉譯作文
（個別指導）
1. 教師個別指導，和學生討論概念圖與寫作大綱。
2. 教師提式運用課文優美語詞、句型及修辭。
3. 學生依據概念圖寫整篇作文。

修改作文
（同儕互改）
1. 學生自我修改。
2. 同儕互改。
3. 教師批改。

作品發表
1. 朗讀優秀作品。
2. 陳列全班作品。

圖 8-1-5　寫作補救教學流程圖

（三）活動過程描述

1. 寫作計畫的擬定：

（1）建立概念群：團體討論時，老師一面引導討論，一面將
　　　學生的概念群寫在黑板上。

　　　T：（老師在黑板上寫「我最難忘的一件事」）
　　　　　說說看當你看到題目時，你會想到什麼？

S12：我會先想從小到大什麼事讓我印象最深刻？

T：從小到大，在你成長的過程中什麼事令你心裡的感受特別深刻？也許是令你難忘又有趣的事，也許是車禍、被譏笑……令你至今想起來就害怕的事或是參加比賽的過程令你難忘。

T：我們應該從什麼地方開始寫起？可以一開始就說我最難忘的一件事是……

S7：這樣可以但是不夠精采，最好先說一個情境再連到事情。

T：說得好！S7 說的就是「睹物思人」、「見景生情」。看到某些東西或聽到某件事就聯想到跟他有關的一些事、人、物而感動的心油然而生。例如：當你看到照片中自己玩的玩具，就想到送你玩具的人，他為什麼送你玩具，於是想到所有跟這個玩具有關的事、物。

S7：用 5WH 來寫。

T：5WHg 是說……（學生一面說老師寫黑板上）
誰、時間、地點、什麼事？如何發生？為什麼發生？

T：很好！除了詳細描述事情發生的過程外，令你難忘的最大原因是什麼？

銳：心情。

T：說得好！當時的心情、感受。這才是文章最吸引人的部分。還有？

S：寫事情結束後心情、感想、啟示收穫。

T：現在大家想一想，說說看你最難忘的一件事。

宏：學游泳。

T：為什麼學游泳令你難忘？

宏：在女生面前沒穿上衣很丟臉。

T：還有？

宏：一開始不會游很害怕，最後會游的時候好快樂。

（觀 D 摘 2008.09.24）

　　學生以腦力激盪法,將自己最難忘的經驗天馬行空地描述,想說什麼就說什麼,可以聯想到人,聯想到物,材料豐富,但是大部分學生主要偏重在過程的描述,對於心情及感想提到較少,或不夠深入,可能是這部分屬於較私人或更深沉的內涵,稍有保留。(思 D 摘 2008.9.24)

　　(2)畫概念構圖、擬定寫作大綱。

　　　T:我們以前說過,要清楚的告訴人家一件事要注意哪些?
　　　S5:原因、經過、結果。
　　　T:剛才有同學說先寫原因再寫經過、結果。如果開門見山就說
　　　　我去學游泳的原因就是被媽媽逼的,你們覺說得這樣好嗎?
　　　S9:這樣寫好像有點遜!
　　　T:把連想出來和事件有關的所有人、事、物,依照前因、經過、
　　　　結果重新排列拉成一條線。
　　　T:現在各組互相幫忙,畫出這篇文章的概念圖。

（觀 D 摘 2008.9.24）

　　引導學生討論將主要概念與次要概念連結,決定順序畫出概念構圖,並依照概念構圖擬定寫作大綱。第一階段將課文兩個單元「成長記事」、「文學萬花筒」拉出主旨作延伸寫作。第二階段運用「文化行腳」、「多角度看報導」的文體形式作參觀旅遊的仿寫。

　　2.轉譯作文:

　　播放輕音樂營造情境,請學生依照概念圖及大綱將概念轉譯成文字描述,描述時注意句子與句子之間的連貫,段落與段落之間的連貫;為了使作文更生動,教師提示將課文相關單元裡學到成語、佳句、修辭等都儘可能的運用於文章脈絡中。

　　我於行間巡視,了解需要個別指導的學生,倘若發生無法用文字轉譯的情況,引導他們先用口述轉譯的方式,口述完整的句子後再進行筆譯。

　　　T:宏宏,會寫嗎?
　　　宏:會啊!

T：寫得很好，流暢又有自己的想法，為什麼你突然會寫了？

宏：因為老師讓我們練習聽故事、作筆記和說故事。

T：你是說，說故事的時候有寫概念圖，寫作文也有概念圖，所以你就照說故事的方式，先說再寫就會了。

宏：是啊！

（訪 D 摘 2008.11.26）

下課了，宏宏還繼續認真的轉譯作文，體育健將的他，只要一聽到鐘聲一定衝到操場打球，今天竟然下課了還全神貫注的寫作文。原來平常孩子不是「不要」寫而是「不會」寫。（思 D 摘 2008.11.27）

3. 修改作文：

由於上課時間的限制，修改部分請學生先自我修改，再交同儕交換互改最後老師批閱。請學生將作文，從頭到尾仔細唸一遍，檢查段落與段落、句子與句子之間是否連貫，標點符號用法是否有誤，是否有錯字、漏字與別字。如果時間允許的話，共同勘誤作品的句式語法、內容組織結構，對學生來說會有很不錯的效果。（思 D 摘 2008.10.24）

4. 作品發表：

將優秀作品及進步作品投影在布幕上，請學生朗讀，同儕給予回饋。教室後陳列全班作品，鼓勵觀摩學習。

第二節　成效的檢測與評估

一、閱讀補救教學檢測與評估

（一）方案實施前和學生的訪談

實施補救教學前和焦點學生訪談，藉以了解學生是否有閱讀習慣或閱讀興趣。

表 8-2-1　閱讀習慣訪談表

題目	宏宏	綺綺	銳銳
你喜歡上國語課嗎？為什麼？	喜歡，可以增加知識。	還好。	很喜歡，因為國語比數學容易。
閱讀課文內容，你覺得容易嗎？	還好。	不容易。	還好，一些會。
不懂時你會怎麼辦？	問同學或老師。	問老師或同學。	問老師或查字典。
你平常會看課外讀物嗎？	很少。	有時會。	有時候會。
不是老師規定的你會主動閱讀嗎？	很少。	不會。	不會。
你平常有看《國語日報》嗎？	有時候看。	有時候看。	有。
看課外讀物或《國語日報》時，你覺得如何？	還不錯。	不知道。	看完後心情很平靜。

參考資料；曾照成(2002)

　　學校推動閱讀教學行之有年，除了班級讀書會進行專書導讀外，並且推動晨讀十分鐘，希望學生在學校也能擁有獨自閱讀的時間；並且成立網路讀書會，學生可以上網和他校學生聊書，以書會友培養閱讀習慣和興趣。從與焦點學生的訪談中，可以發現雖然學校用心良苦，提供這麼多元的閱讀活動，對這三位學生來說似乎成效不彰。我苦思，可能是缺乏閱讀技巧，以致無法進入閱讀的世界，感受閱讀的喜悅。（思 A 摘2008.09.09）

（二）閱讀補救教學前後評量表現

　　為了了解研究對象在教學前後閱讀理解的成效，我在未實施教學前及教學後對對全班學生實施閱讀理解測驗。測驗題目採用康軒試題光碟，以電腦隨機選題方式實施。焦點學生表現結果如下表：

表 8-2-2　閱讀補救教學前後評量表現對照表

單元	主題名稱	宏宏		綺綺		銳銳	
		教學前	教學後	教學前	教學後	教學前	教學後
成長記事	【模仿貓】答對題數／全部題數	5/10	8/10	4/10	8/10	6/10	9/10
	【草莓心事】答對題數／全部題數	4/10	7/10	4/10	7/10	6/10	10/10
	【跑道】答對題數／全部題數	3/8	7/8	4/8	6/8	5/8	8/8
文學萬花筒	【向日葵】答對題數／全部題數	6/10	10/10	6/10	10/10	7/10	10/10
	【讀書報告】答對題數／全部題數	5/10	7/10	4/10	7/10	4/10	9/10
	【狐假虎威】答對題數／全部題數	5/10	7/10	3/10	8/10	6/10	9/10
思考的重要	【沉思三帖】答對題數／全部題數	6/10	8/10	4/10	7/10	8/10	10/10
	【書生和富商】答對題數／全部題數	7/10	9/10	5/10	6/10	9/10	9/10
	【談辯論】答對題數／全部題數	8/10	10/10	7/10	10/10	10/10	10/10
	平均答對率	55.7%	82.9%	46.6%	78.4%	69.3%	95%
	進步幅度	27.2%		31.8%		25.7%	

從上表可見焦點學生在閱讀教學後成績表現都有進步。詩歌體〈向日葵〉因為內容淺白、短小，所以預測的成績較為理想。潛藏深刻意義的文章〈跑道〉、〈狐假虎威〉經過引導後，較清楚文章所要表達的涵義，所以進步的幅度較大。〈談辯論〉為議論文體，文章結構明顯，容易辨識理解，學生在閱讀時反而較為容易，成績較好。經過九課的練習，教學前的測驗從成績顯示，學生對閱讀策略的操作越來越純熟後失分的狀況越來越少。（思 A 摘 2008.12.24）

（三）閱讀補救教學中的發現

我將第一階段教學中發現的問題經過修正後，進行第二次的教學活動，我將發現分別敘述如下：

1. 研究發現：

（1）焦點學生在行為上的改變：

三位在同一組的分組方式，竟然有意想不到的效果，不再有衝突發生，從小組的客人轉變成小組的主人，展現學習的生命力。銳銳變得很愛看課外書籍，以科學類漫畫及童話故事居多，抽屜裡少不了一本課外書籍。一向上課就睡著，下課就活過來的宏宏，也偶而看到他拿起《國語日報》，東翻翻西翻翻。乖巧安靜的綺綺，看不出太大的改變，但是不太說話的他，竟然也會幫同學來向老師告狀。（觀 A 摘 2008.10.21）

長期以來三位焦點學生回家幾乎不寫作業，不管老師如何威脅利誘不寫就是不寫，到學校也必須緊迫盯人，才能勉強補齊作業，改變獎勵制度後雖然回家還是沒寫作業的時候居多，但是來到學校為了得到獎勵章，下課空檔，不用老師提醒也能自動補寫作業。

（2）焦點學生在閱讀策略學習的運用：

三位焦點學生都喜歡這樣的分組及上課方式，宏宏喜歡當老師提問題問人，銳銳覺得對話就有獎勵很好，綺綺覺得可以和同學說話聊天很好玩。

　　至於在閱讀策略的運用方面，三位研究學生還處於可以簡單說出策略，但是還無法運用自如，尤其是思考地圖摘要重點，還需要老師引導摸索中。「預測策略」只有主題文字時較難預測，搭配課文插圖後就簡單多了，但是對於情節的預測還是有限。「澄清」策略僅限於詞意的澄清，而且因為詞彙量的限制，三位學生都表示大概懂，但是無法找到適當的語詞解釋。「提問」策略是他們最喜歡的，喜歡的原因在於問人家問題很好玩，又很簡單，但是據我觀察，文章中的深沉的內涵，因限於理解不足，而提不出來，這個部分需要我引導及補充。

2.學生的反應：

　　從表 8-2-3 得知，三位學生成為一個合作討論小組後，再加上戳戳樂的獎勵辦法，都顯現出積極的學習動機，但閱讀策略的運用，則還需更多時間的練習，才能運用自如。

表 8-2-3　閱讀補救教學後訪談

項目	訪談紀錄		
	宏宏	綺綺	銳銳
1.你喜歡重新分組的方式嗎？為什麼？	還好。	喜歡一起幫忙。	喜歡三個人一起討論。
2.小組的討論遇到困難嗎？你們會分工合作，互相協助嗎？	會遇到困難。會。	沒有。會。	會。會。
3.戳戳樂的獎勵辦法你喜歡嗎？你有因為這樣而更努力嗎？	喜歡。有吧！	喜歡。有。	很喜歡很期待。
4.這樣的方式上國語課會讓你感覺到壓力嗎？	沒有。像聊天天很好。	沒有。有人幫忙。	有一點。怕說錯會尷尬。
5.你覺得學這些閱讀策略會難嗎？可以幫助你更了解文章內容嗎？	還好。可以。	會。可以。	不會困難。可以。

6.預測、畫重點、畫思考地圖、摘要大意、提問、澄清這些方法你都會用了嗎？	有些還不太會用。像畫思考地圖、澄清的方法。	有一些會。會提問、5WH。	有一些還不是很清楚。思考地圖很難。

二、生字詞彙教學檢測與評估

（一）教學前對焦點學生進行五次朗讀流暢性及中國文字注音測驗，以了解他們的「識字量」及「解碼能力」

1. 一分鐘朗讀流暢性測驗：

表 8-2-4　朗讀流暢性測驗分析

姓名	出版社	課文名稱	字數	錯字	漏字	顛倒字	替代字
宏宏	康軒五上	〈湖濱散記〉	136	1			
	康軒五上	〈油桐花開〉	165	1		1	3
	康軒五下	〈小火車的歲月〉	160	1	1		
	康軒六上	〈跑道〉	129		3		1
綺綺	康軒五上	〈湖濱散記〉	191				1
	康軒五上	〈油桐花開〉	168	3			
	康軒五下	〈小火車的歲月〉	185				
	康軒六上	〈跑道〉	151	1			
銳銳	康軒五上	〈湖濱散記〉	212		3		
	康軒五上	〈油桐花開〉	160	2	1		8
	康軒五下	〈小火車的歲月〉	224	1	6		1
	康軒六上	〈跑道〉	215	1			3

從三位焦點學生的朗讀情形來分析他們的「識字解碼」能力。

（1）朗讀字數：從一分鐘朗讀字數來看，高閱讀能力學生一分鐘可讀約 300 多字，一般能力學生約 200 多字，三位學生中除了銳銳偶而超過 200 字以外，另外兩位學生不曾超過 200 字，這說

明他們在解碼過程中遇到困難，顯示「識字量」的不足需花較多時間來解碼。

（2）漏字、錯字：因為識字量不足，常見以「漏字」來跳過難字的情況，或誤用「字的聲旁形旁」而唸錯字。

（3）替代字、顛倒字：因為對詞意較難掌握，會利用相似字作替代，或分辨不清相似詞彙的詞意而誤用，也難察覺出「字序顛倒」是否改變詞意。

綜合以上分析，宏宏閱讀解碼速度最慢，但是漏字、錯字、替代字、顛倒字情況較不嚴重。銳銳雖然解碼快，但是漏字、錯字、用替代字的情況嚴重。綺綺與兩人比較之下處於中間，但唸錯字的情況也算嚴重。（思 B 摘 2008.12.11）

2.中國文字注音測驗——200 字：

利用黃秀霜（1998）編製的中國文字注音測驗來檢視三位焦點學生「識字策略」及「注音錯誤」類型：

表 8-2-5　文字注音測驗分析表

姓名	正確字	正確率	錯誤類型分析			
			錯誤字	字形加字音	字音類似	字形相似
宏宏	92/200	46%	108/200	36	23	39
綺綺	115/200	57.5%	85/200	35	16	34
銳銳	97/200	48.5%	103/200	84	14	5

從表 8-2-6 得知，以 200 個國字對焦點學生注音測驗。測驗結果，除了綺綺正確率超過 50%以外，其他兩位學生都在 45%～49%之間。從錯誤類型來看，綺綺較能善用字型來測字；銳銳則對大部分不會的字留下空白，比較沒有猜字策略，或不願意嘗試；而宏宏則同時利用近似音與形似字來猜字，但錯誤率偏高。

（二）生字詞彙測驗

我在每課生字詞彙補救教學前後，利用康軒光碟題庫，電腦隨機選題，實施寫國字注音與寫部首造詞兩次測驗，兩次都是 10 個測驗題，以了解教學成效。隨文識字、集中識字策略教學後，國字注音測驗，並於詞彙網教學後實施寫部首造詞測驗。結果如下表：

表 8-2-6　生字詞彙教學後評量結果

單元	主題名稱	宏宏		綺綺		銳銳	
		寫國字注音	寫部首造詞	寫國字注音	寫部首造詞	寫國字注音	寫部首造詞
成長記事	【模仿貓】答對題數／全部題數	6/10	7/10	8/10	8/10	8/10	10/10
	【草莓心事】答對題數／全部題數	8/10	7/10	10/10	9/10	9/10	10/10
	【跑道】答對題數／全部題數	6/10	8/10	7/10	6/10	8/10	9/10
文學萬花筒	【向日葵】答對題數／全部題數	7/10	8/10	8/10	7/10	9/10	9/10
	【讀書報告】答對題數／全部題數	6/10	8/10	8/10	6/10	5/10	9/10
	【狐假虎威】答對題數／全部題數	6/10	7/10	9/10	9/10	7/10	8/10
文化行腳	【馬可波羅遊中國】答對題數／全部題數	7/10	9/10	8/10	8/10	9/10	9/10
	【菊島巡禮】答對題數／全部題數	6/10	6/10	10/10	9/10	9/10	10/10
	【地底下的故事】答對題數／全部題數	7/10	8/10	8/10	7/10	8/10	9/10
平均答對率		66%	76%	84%	77%	80%	92%

（二）研究發現

1. 剛開始學習的速度較慢，學生熟悉生字結構的意義後，學習速度加快。
2. 在固定的教學流程下，學生熟練如何運用學習策略理解字形、字音、字義之間的關係去記憶生字。
3. 在閱讀進行中學生會利用上下文的關係去參測字義或詞意。
4. 學習成效反應在每課教學後國字注音測驗及部首語詞測驗的成績上。宏宏最差；綺綺記憶生字的能力最好，但造詞較差；銳銳造詞較佳。
5. 教學進行中學生表現出學習的動機和正向的學習行為。

（三）學生反應

對三位焦點學生進行訪談，發現學生對這些策略採肯定的態度，也確實對於他們的閱讀能力及興趣有提升的效益。

表 8-2-7　生字詞彙教學後訪談表

題號	訪談內容	訪談結果		
		宏宏	綺綺	銳銳
1	在未實施生字詞彙教學前，你們用什麼方法來學習？	查字典。	一面寫一面記。	查字典、小組討論。
2	現在遇到不懂的詞彙，你會用什麼策略了解詞意？	從上下句的意思猜。	查辭典、上下文猜。	問老師、上下文猜測。
3	現在遇到不懂的生字，你會用什麼策略了解字義？	用部首猜。	用部首猜。	用形近字猜。
4	你知道部首和字義之間的關係嗎？	那個字的部首就是那個字的意思。	不會說。	知道。艸部就表示那個字和花、草有關。

5	你會利用形聲字來猜測國字的讀音和意思嗎？	有時猜對，有時猜錯。	不太會。	知道。「河」可是水的聲音，河和水有關。
6	你會利用你學過的這些方法來認識更多字嗎？	會。	會。	會。
7	你覺得學習這些方法，對於你的閱讀有用嗎？	有。	有。	有。
8	學會這些方法，能增進你們閱讀的興趣嗎？	可以。	有。	能。

三、聆聽說話教學檢測與評估

每次的聆聽說話教學，我會以事先設計好的學習單，引導學生一面聽一面作筆記，口述故事時錄音紀錄，完成後謄寫逐字稿，以了解成效。

（一）筆記及口述發表內容紀錄

【主題一：一顆蘋果】

表 8-2-8　【一顆蘋果】筆記及口述紀錄表

姓名	筆記內容	口述內容
宏宏	1. 主角：旅行者。 2. 原因：在沙漠迷失方向。 3. 動作：水乾，不吃蘋果。 4. 反應：緊握蘋果。 5. 結果：沒吃蘋果。	有一位旅行者他在沙漠迷失了方向，更糟糕的是發現自己的水和乾糧都不見了。口袋裡只找到了一顆蘋果，他握緊蘋果一路找到出口，然後……然後……他一直都沒有把蘋果吃掉，因為這是他唯一的希望，最後人們……最後人們……雖然蘋果乾枯也能發揮神奇的力量。
綺綺	1. 主角：旅行者。 2. 原因：在沙漠迷失方向，水乾糧用完，只有蘋果。 3. 動作：緊緊握著蘋果。	旅行者在沙漠中迷失了水和乾糧。他只有一顆蘋果……（停六秒）他緊緊握著那顆蘋果，他……他……口渴飢餓他最後都始終沒吃掉地，所以那顆

	4.反應：口渴飢餓他始終沒吃掉 牠。 5.結果：蘋果有神奇的力量。	蘋果有神奇的力量。
銳銳	1.主角：旅行者。 2.原因：(1) 在沙漠迷失方向。 　　　　(2) 水乾糧不見。 3.動作：緊緊握著蘋果。 4.反應：口渴飢餓，他始終沒吃 掉它。 5.結果：蘋果有神奇的力量。	有一位旅行者在沙漠中迷失了方向。 他的水和乾糧都不見了，好在他還有 一顆蘋果，他緊緊握著那顆蘋果，他 口渴飢餓時看看蘋果，最後他找到了 出口，人們就說蘋果有神奇的力量。

表 8-2-9 　【一顆蘋果】說話檢核表

檢核項目		檢核結果		
		宏宏	綺綺	銳銳
掌握文章重點	原因：在沙漠迷失方向，水乾糧不見。	✓	×	✓
	動作：找到蘋果。	✓	✓	✓
	反應：看一眼蘋果，沒吃掉蘋果。	✓	✓	✓
	結果：找到蘋果，走出沙漠。	✓	✓	✓
停頓及贅詞		2	2	0
文句不連貫		1	2	1
口述字數 完整性	全文 250 字	110/250	67/250	80/250
	口述字數百分比	44%	27%	32%

【主題二：自相矛盾】

表 8-2-10 　【自相矛盾】筆記及口述紀錄表

姓名	筆記內容	口述故事內容
宏宏	1.主角：小販。 2.原因：買（賣）矛和盾。 3.動作：都不能刺破。 4.反應：有一位書生。 5.結果：牙（啞）口無言。	有一個人叫小販，他在賣矛和盾，ㄙ， 他說他的矛什麼都可以刺破，他……他 的盾什麼都可以抵擋，有一位書生就和 小販 ……賣矛和盾的小販說：「用你的矛攻

		你的盾」書生這麼一說，賣矛和盾的小販就啞口無言，一句話都說不出來。
綺綺	1. 主角：小販。 2. 原因：在街頭買（賣）矛和盾。 3. 動作：看那隻矛多麼堅固。 4. 反應：書生問用你的矛刺你的盾會怎樣？ 5. 結果：小販聽了啞口無言。	有一個小販在街上賣矛和盾，……（停10秒）小販看那矛多麼堅固，書生問：「用你的矛刺你的盾會怎樣？」小販聽了啞口無言。
銳銳	1. 主角：小販。 2. 原因：(1)盾什麼都刺不破。 　　　　(2)矛什麼東西都刺得破。 3. 動作：拿一個盾，拿一個矛。 4. 反應：書生問：「拿矛盾互刺擋會怎樣？」 5. 結果：小販啞口無言。	有一個小販在街上賣矛和盾，他說：「他的盾什麼都刺不破」又說了：「他的矛什麼東西都刺得破」，有一個書生出來就對小販說：「矛和盾互相刺擋結果會如何？」小販被問得啞口無言。

表 8-2-11　【自相矛盾】說話檢核表

檢核項目		檢核結果		
		宏宏	綺綺	銳銳
掌握文章重點	原因：小販在接上賣矛和盾。	v	v	v
	動作：小販吹噓賣世界上最堅固的矛和盾。	v	×	v
	反應：書生揭穿，用你的矛刺你的盾。	v	v	v
	結果：小販啞口無言。	v	v	v
停頓及贅詞		2	1	0
文句不連貫		2	1	1
口述字數完整性	全文字數 178	100/178	54/178	84/178
	口述字數百分比	56%	36%	47%

　　從這兩篇故事來看學生作筆記的的情形，因為在老師一個個提問中作答，以及故事簡短，複雜性不高，所以筆記的紀錄未發現遺漏的部分。

至於口述故事時，在發表的過程中，學生口語偶而欠流暢，導致語意不清。尤其是綺綺，說完一句話間隔時間過長而且頻繁，或完全照著筆記唸下來，對故事的理解及脈絡之間缺乏連貫。銳銳的口語表達就顯得流暢又有條理。宏宏筆記不夠完整，口述時流暢性也有待加強，但是能用自己的話將故事的重點描述出來。（思 C 摘 97.10.16）

【主題三：兩個水桶】

表 8-2-12　【兩個水桶】筆記及口述紀錄表

姓名	筆記內容	口述故事內容
宏宏	1. 人物：挑水ㄈㄨ。 2. 故事情節： 　有兩個水桶一個是好水統一個識破水桶。破水桶很ㄔㄢˊㄎㄨㄟ、像（向）挑水夫道ㄑㄧㄢˋ。 3. 結果：利用破水桶的ㄑㄩㄝ點。	有位挑水伕，他每天挑水回去給主人，他用了兩個水桶，一個是好水桶，一個是破水桶。ㄜ……破水桶每天都會漏著回去剩下半桶，好水桶每次回去都會裝著滿滿的水，ㄜ……這兩年一直都是這樣子。ㄜ……有一天破水桶忍不住很慚愧對挑水伕說：「對不起，因為我這兩年只能裝半桶水回去」挑水伕說：「我知道你有缺陷，回去的時候，我……」
綺綺	1. 主角：小販。 2. 原因：在街頭買（賣）矛和盾。 3. 動作：看那隻矛多麼堅固。 4. 反應：書生問用你的矛刺你的盾會怎樣？ 5. 結果：小販聽了啞口無言	有一個小販在街上賣矛和盾……（停10秒）小販看那矛多麼堅固，書生問：「用你的矛刺你的盾會怎樣？」小販聽了啞口無言。
銳銳	1. 主角：小販。 2. 原因：(1)盾什麼都刺不破。 　　　　(2)矛什麼東西都刺得破。 3. 動作：拿一個盾，拿一個矛 4. 反應：書生問：「拿矛盾互刺擋會怎樣？」 5. 結果：小販啞口無言	有一個小販在街上賣矛和盾，他說：「他的盾什麼都刺不破」又說了：「他的矛什麼東西都刺得破」，有一個書生出來就對小販說：「矛和盾互相刺擋結果會如何呢？」小販被問得啞口無言。

表 8-2-13 【兩個水桶】說話檢核表

檢核項目		檢核結果		
		宏宏	綺綺	銳銳
掌握文章重點	原因：破水桶為了只能送水到主人家而感到愧疚。	✓	✓	✓
	動作：向主人道歉。	✓	✓	✓
	反應：主人要他注意路邊盛開的花朵。	✓	✓	✓
	結果：主人善用破水桶的缺陷，發揮最大的效用。	✓	✓	✓
停頓及贅詞		5	3	1
文句不連貫		0	2	0
口述字數完整性	全文字數 525	260/525	150/525	168/525
	口述字數百分比	49.5%	28.5%	32%

【主題四：學玉】

表 8-2-14 【學玉】筆記及口述紀錄表

姓名	筆記內容	口述故事內容
宏宏	1.人物：小羽。 2.故事經過： 　原因：聽說玉是世界上最寶貴的。 　動作：找玉石專家。 　反應：四個歷史。 3.結果：最後小羽說這不是玉，老師說你可以學玉了。 4.意義：（沒寫）	有一位少年叫做小羽，他聽別人說：「玉是世界上最寶貴的。」聽別人說想學玉就要去找城裏的玉石專家，小羽很想去學玉，他就去找那位玉石專家，他找到了玉石專家，要專家收小羽為徒，師父考慮考慮說：像他那麼聰明，就收她為徒好了。我要教你……我要教你學玉之前，要先教你學中國的歷史，他就拿－他就順便拿一塊玉給小羽玩，第二次又拿起一塊玉又說了中國地理，小羽玩一玩，然後第三次又說中國文化，小羽很不耐煩的說師父我是來學玉不是來學中國文化的，師父說別急別急，師父說別急之後師父又拿起一塊玉給小

		羽玩，講了中國的藝術，小羽就大叫說：「這塊不是玉。」師父就很高興的說，你可以學玉了。最後，這個文章告訴我們的道理就是：如果你常常去做一件事，做久了就能那個……（師：琢磨久了就更能了解、熟練）
綺綺	1.人物：小羽。 2.故事經過： 　原因：小羽要學玉因為聽說那塊玉是世界上最寶貴的玉。 　動作：小羽跑去城市找玉的專家。 　反應：(1)中國歷史。 　　　　(2)中國地理。 　　　　(3)中國文化。 　　　　(4)中國藝術。 3.結果：小羽說這塊不是玉，老師說你可以學玉了。 4.意義：玉摸了就可以知道玉是真的還是假的。	有一天小羽要去學玉，小羽聽別人說：城市……城市那裡有做玉的專家，小羽跑去做玉的專家那裡，小羽誠心誠意告訴做玉的專家說：「我可以做你的徒弟？」師父說：「可以。」師父先教歷史，結果拿一塊玉給小羽摸，第二年師傅再教他中國地理，再拿一塊玉給小羽，第三年師父又教小羽中國文化，師父又拿玉給小羽，小羽說：「我是來學玉的不是來……不是來學文化」。師父說別急！別急！師父又說中國藝術，又拿一塊玉給小羽，小羽說：「這不是玉」。師父說：「你可以學玉了」這個故事的道理是：摸久了就可以知道玉是真的還是假的。
銳銳	1.人物：小羽、玉石專家。 2.故事經過： 　原因：小羽要學玉因為聽說玉是世界上最有價值的石頭。 　動作：小羽跑去城市找玉的專家，他就收她為徒。 　反應：歷史、地理、文化、藝術，給一塊玉把玩。 3.結果：小羽說這塊不是玉，老師說你可以學玉了。 4.意義：給他一塊玉，摸久了就可以知道玉是真的還是假的。	有一個人聽說世界上最有價值的石頭就是玉，所以他想要學玉，路人說去城裏就能找到玉石專家，於是－於是－小羽去找玉石專家，他就收小羽為徒弟，師父就說中國的歷史，過了一年他又說了中國地理，又再過一年他又講中國的文化，再過一年後專家又講了中國的藝術，他在講的時候都會給小羽一塊玉，最後小羽講了－說「我－這－我是來學玉的，」第四年後他講了一句話：「這不是玉」師父才教他玉。這故事的道理是：專家每次給他一塊玉，他摸久了就知道玉是真的？假的？

表 8-2-15　　【學玉】說話檢核表

檢核項目		檢核結果		
		宏宏	綺綺	銳銳
掌握文章重點	原因：小羽要學玉。	✓	✓	✓
	動作：去城裏找玉石專家。	✓	✓	✓
	反應：玉石專家先教中國歷史、地理、文化、藝術，每次都給小羽一塊玉把玩，歷經四年。	✓	✓	✓
	結果：小羽終於能分辨玉。	✓	✓	✓
停頓及贅詞		3	2	2
文句不連貫	段落順序、連接詞運用及句意的連接性不佳。	2	1	3
口述字數完整性	全文字數：539	327/539	273/539	213/539
	口述字數百分比	60%	44%	40%

　　第二階段三位焦點學生的筆記內容及口語表達有了進步，已經能掌握作筆記的要領，不需要老師太多的引導，也能簡要但完整的口述故事內容，尤其是綺綺，停頓五秒以上，不知道怎樣接下去的狀況，在〈學玉〉這篇故事中並未出現。三位焦點學生經過兩階段的練習後，我於國語課選擇故事體文章對全班同學實施第三階段聆聽說話教學，以小組教學模式，與同儕互動，不論是文章內容的討論、概念構圖的繪製，或是口述發表，學童能充分進行有焦點的對話，練習有效的溝通。（思 C 摘 2008.11.17）

【主題五：模仿貓】
　　宏宏筆記紀錄

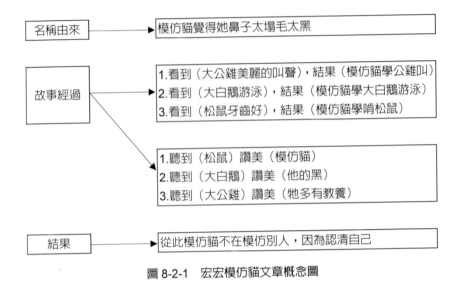

名稱由來 ────▶ 模仿貓覺得她鼻子太塌毛太黑

故事經過 ────▶ 1.看到（大公雞美麗的叫聲），結果（模仿貓學公雞叫）
2.看到（大白鵝游泳），結果（模仿貓學大白鵝游泳）
3.看到（松鼠牙齒好），結果（模仿貓學啃松鼠）

────▶ 1.聽到（松鼠）讚美（模仿貓）
2.聽到（大白鵝）讚美（他的黑）
3.聽到（大公雞）讚美（牠多有教養）

結果 ────▶ 從此模仿貓不在模仿別人，因為認清自己

圖 8-2-1　宏宏模仿貓文章概念圖

宏宏口述內容：

農場裡有一隻黑貓，農場裡有一隻黑貓，主人很喜歡那隻黑貓，最後那隻黑貓四肢都長得很粗壯，也長大了，但是他嫌自己的鼻子太塌，毛太黑，叫聲太─叫聲太難聽，所以大家都叫他模仿貓。有一天早上，他看見大公雞的嗓子，模仿貓想學公雞叫，結果他一直喵喵的叫。當他看到大白鵝游泳，他想說這應該難不倒牠，就跳下去游泳，結果差點淹死，幸好被大白鵝救出來。他又看到松鼠，看到尖尖，看到尖尖的，看到松鼠牙齒這麼好，模倣貓也想學─學松鼠啃松果，於是就拿了一顆松果來啃，可是他怎麼啃也啃不開，他就在一顆樹底下睡著了，他聽到了松鼠讚美模仿貓，他聽到了松鼠讚美模仿貓說，亡……（停 16 秒），大白鵝也讚美他的黑毛那麼黑，都不會用髒，大公雞讚美嘰嘰嘰的妳們都不會學模仿貓這麼安靜有教養啊，從此模仿貓不再模倣別人了，也認清自己的優點。

綺綺筆記紀錄：

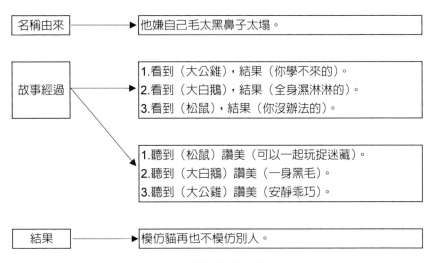

名稱由來 ──────▶ 他嫌自己毛太黑鼻子太塌。

故事經過 ──────▶
1.看到（大公雞），結果（你學不來的）。
2.看到（大白鵝），結果（全身濕淋淋的）。
3.看到（松鼠），結果（你沒辦法的）。

1.聽到（松鼠）讚美（可以一起玩捉迷藏）。
2.聽到（大白鵝）讚美（一身黑毛）。
3.聽到（大公雞）讚美（安靜乖巧）。

結果 ──────▶ 模仿貓再也不模仿別人。

圖 8-2-2　綺綺模仿貓文章概念圖

綺綺的口述內容：

有一天模仿貓看見大公雞每天早上都會叫人們起床，模仿貓每天看見大公雞每天早上都會叫人們起來，模仿貓也想要學大公雞，模仿貓……怎樣都叫喵喵喵，他走到大白鵝，他看到大白鵝在游泳，模仿貓也想學大白鵝游泳……（停9秒）模仿貓……模仿貓走到一棵樹下，看到松鼠在嗑瓜子，模仿貓也在嗑瓜子，松鼠說別傻了，你是不會的，到了傍晚松鼠，有兩隻松鼠在說模仿貓的……模仿貓……模仿貓的讚美，兩隻松鼠說希望模仿貓可以和我們玩捉迷藏，模仿貓走到湖邊聽到大伯鵝讚美他說，希望有……希望……希望……聽到大伯鵝的讚美，大白鵝說模仿貓有一身黑毛都不會用髒，模仿貓走到雞住那裡聽到小雞嘰嘰嘰在吵，大公雞說，為什麼你們不能像模仿貓那麼安靜乖巧，最後模仿貓知道自己知道自己的興趣，從此以後模仿貓就不再模仿別人了。

銳銳的筆記紀錄：

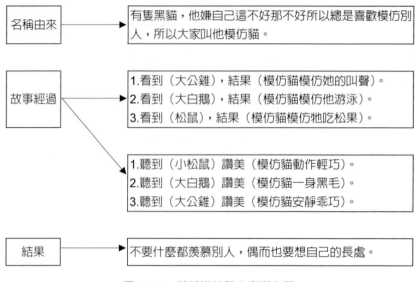

名稱由來 ⟶ 有隻黑貓，他嫌自己這不好那不好所以總是喜歡模仿別人，所以大家叫他模仿貓。

故事經過 ⟶ 1.看到（大公雞），結果（模仿貓模仿她的叫聲）。
2.看到（大白鵝），結果（模仿貓模仿他游泳）。
3.看到（松鼠），結果（模仿貓模仿牠吃松果）。

1.聽到（小松鼠）讚美（模仿貓動作輕巧）。
2.聽到（大白鵝）讚美（模仿貓一身黑毛）。
3.聽到（大公雞）讚美（模仿貓安靜乖巧）。

結果 ⟶ 不要什麼都羨慕別人，偶而也要想自己的長處。

圖 8-2-3　銳銳模仿貓文章概念圖

銳銳的口述內容：

有隻黑貓 他的……他嫌自己的毛這麼黑，尾巴這麼長，所以總是喜歡模仿別人，大家就叫他模仿貓，有一天的早晨，他聽到大公雞的叫聲時，他很想學大公雞，他叫時被大公雞嘲笑。他走到河邊看到大白鵝的優點時，模仿貓模仿他游泳，走著走著不知不覺中走到森林裡，看到小松鼠嗑松果，模仿貓就模仿她吃果實，模仿貓怎麼嗑也嗑不出什麼東西，他走著走著聽到小松鼠的讚美，看到模仿貓動作輕巧，聽到大白鵝的讚美，模仿貓一身的黑毛，又聽見大公雞讚美模仿貓安靜乖巧。所以不要什麼都羨慕別人偶而也要想想自己的長處。

第三階段回歸原班與全班同學合作學習的模式進行，並以教科書為教材進行，三位焦點學生能把握重要訊息描述，但是課文篇幅很長，掌握原創故事描述的完整性、邏輯性以及用詞的適當性有待加強。

表 8-2-16　【模仿貓】口述內容檢核表

檢核項目		檢核結果		
		宏宏	綺綺	銳銳
掌握文章重點	名稱由來	×	×	ˇ
	經過：羨慕大公雞的長處。	ˇ	ˇ	ˇ
	羨慕大白鵝的長處。	ˇ	ˇ	ˇ
	羨慕松鼠的長處。	ˇ	ˇ	ˇ
	聽到大公雞的讚美。	ˇ	ˇ	ˇ
	聽到大白鵝的讚美。	ˇ	ˇ	ˇ
	聽到松鼠的讚美。	×	×	ˇ
	結果：不要羨慕別人，要發揮自己的長處。	ˇ	ˇ	ˇ
停頓及贅詞		5	6	1
文句不連貫	連接詞運用、句意的連接性不佳及段落順序。	ˇ	ˇ	3

（二）研究者的發現

1. 教材及概念構圖模式需由淺入深：

聆聽說話教學策略與說故事是截然不同的，說故事可能是很隨性的說，而聆聽說話教學必須是很有計畫很有步驟的進行，尋找適當的文本分析結構，引導學生利用學習單上的概念結構，預測故事內容、聆聽故事作筆記，根據筆記概念圖演故事、說故事，進而養成有系統的統整訊息的能力和習慣。概念構圖可發展成兩種模式：一個是較開放性的；一個是較具體的。就以新移民女性子女來說，先採用具體模式再慢慢發展成開放模式較為可行。

2. 學生的表現：

（1）處理文章訊息思考能力的提升：

剛開始學生對這種教學陌生，尤其是作筆記需花費較多時間引導，但是熟悉後可以看到明顯的進步；對訊息的掌握能力提升，也可以看出「事件歷程」多能掌握，但是「心理反應」的描述多忽略。

（2）專注力的提升：

要能聽到聽懂需要運用很高的「專注力」，三位學生上課的專注力正是造成他們學習成效不彰的通病，藉由聆聽教學培養專心學習的態度，是個還不錯的方法。

（3）個別的表現：

宏宏口述發表及解讀文章內涵高於筆記整理的能力，但停頓及出現贅詞的情況較為嚴重；綺綺對文章的理解不清、文句的連貫常有不合邏輯問題及停頓時間過長的現象，但是對習慣以點頭搖頭來回答問題的綺綺來說，能說完一個故事，已經是很大的進步；而銳銳的表現就相對的較優，口述的流暢性及訊息的掌握都有不錯的表現。

（三）學生的反應

綜合三位焦點學生對聆聽說話教學的問卷反應如下表：

表 8-2-17　聆聽說話回饋問卷整理

題號	題目	學生反應		
		宏宏	綺綺	銳銳
1	老師說故事時，你會坐正、回應老師嗎？	有時候會。	不會回應老師。	有時候會。
2	說故事前你會試著猜測故事內容嗎？	會，有時候覺得猜得還不錯。	會，老師會叫我猜。	會，有時候對，有時錯。
3	當你不懂時會發問或請老師重述一次嗎？	我會問老師。	會，因為不知道。	會，我會請老師再說一次。
4	聆聽故事後作筆記對你口述故事有幫助嗎？	有。	會，因為可以練習我說話。	有，大部分。
5	演故事後再說故事能幫助你把故事說的更詳細嗎？	有。	有。	有。
6	你覺得自己預測故事的能力有提升嗎？	有。	有，因為可以讓我們大概知道	有，大部分。

			故事內容。	
7	你覺得自己作筆記的能力有提升嗎？	還好。	有，用說會有點說不出（沒作筆記會說不出來）。	有，大部分。
8	你覺得自己思考的能力有提升嗎？	有。	沒有。	有，很多。
9	一面聽故事一面作筆記，你覺得會麻煩嗎？	還好	不會。	不會，簡單記。

　　從學生的回饋問卷，可以看出作筆記策略，能有效輔助口述故事，先演後說故事三位學生也持肯定的態度。至於是否能提升思考能力，除了綺綺外，宏宏和銳銳都認為比較知道怎麼去連結故事內容。

四、寫作補救教學成效檢測與評估

　　寫作成效的評估，我以「字句表達」、「內容結構」與「寫作態度與興趣」三方面探討成效。

（一）字數段落統計分析

　　分析三位焦點學生作品，依照概念構圖來分段落，全文至少分三段，或四段或五段，少於三段為不恰當；字數統計包括標點符號，段落開頭的前兩行不算在字數內；從下列統計表可以明顯看出寫作量的提升。

表 8-2-18　作文字句統計表

主題	統計結果					
	宏宏		啓綺		銳銳	
	段落	字數	段落	字數	段落	字數
〈下課十分鐘〉	2	181	0	0	0	0
〈最難忘的一件事〉	3	196	3	169	3	181
〈貓貍文化之旅〉	5	340	5	385	6	450
〈城鄉交流〉	5	447	6	404	7	651

221

（二）焦點學生作品內容探討

【下課十分鐘】

　　下課十分鐘是這學期的第一篇作文，和學生大概討論下課常做的一些活動後，就放手讓學生自由發揮。除了宏宏因為下課是他的最愛，所以勉強寫了幾句話外；綺綺和銳銳仍保持一貫不寫作文的作風，任憑老師怎麼威脅利誘都無動於衷，只回答了老師一句：「我不會寫」，就沒下文了。

1. 宏宏：打籃球

> 　　第二節下課時，操場上空無一人（，）所以我約了邱、林和吳一起玩球（。）第二節下課只有十幾分鐘而已，我們就快一點分隊，我和吳一隊（，）邱（一隊）和林一隊，（。）開始時我們打得很激烈（，）我和吳傳球練習默氣（契），我們得了一分又一分（，）最後我們這隊贏了，我和吳高興極了。
>
> 　　第二節下課有二十多分鐘可以打（球），果然第二節下課到了（，）我們很高興（，）我去找我的玩伴，約他們一起打球（，）我們幾個打球打得又高興又快樂。

　　宏宏的下課十分鐘，全篇共181個字（含標點符號），有贅詞、有漏字、有錯字，段落不完整（2段），段落與段落之間不連貫，內容貧乏，更慘的是標點符號（錯9個）不是漏寫就是用錯。研究者倘若不能提出有效的寫作補救策略，寫作將永遠是他們的敵人，無法突破的困境。（思D摘2008.09.16）

【最難忘的一件事】

1. 宏宏：游泳日記

> 　　我升上五年級時，最喜歡的就是去卓蘭實中上游泳課，我可以去游泳是因為現政府規定要我們學會游泳後再檢測。
>
> 　　（終於）到了夏天，我們終於可以去游泳了（！）。其實我有點害羞，因為

男生只有穿泳褲而已，上半身全都被看光了，所以會害羞。我在去之前戰戰兢兢，因為那是我第一次游泳，所以我很緊張。原先以為只有我不會游泳，沒想到也有很多人不會，包括我的好朋友，讓我很驚訝也很放心。

　　不管什麼事都要試，試了就會成功。（與前段不連貫）

2. 綺綺：學游泳

　　我升到五年級下學期的時候每個星期五，都會去卓蘭實中上游泳課。

　　第一次上游泳課，我們會先做體操再分組。不會游泳的在教練這邊，會在蔡老師的那邊，我是不會游泳的。我們第一次學換氣是用嘴巴來換氣（。）第二次學（飄）浮我不會而要放輕鬆，可是我一緊張會沉下去，我還要教練推我。

　　經過游泳的訓練以後，我覺得游泳不是很好學的。可是要測驗如果我不會就完蛋了。

3. 銳銳：意外事件

　　有一次我們高年級最後一天要游泳，後來有一位老師的車，失控翻車掉到附近的草叢裡，還好車上的人都沒事，把我們大家都嚇到了。

　　現在我才發現生命非常珍貴，有可能在一瞬間生命就會被死神帶走了，所以我們要隨時注意自己的安全，保護自己的生命。

　　當時我們這一臺車的人都非常緊張，祈求上帝不要把他們的生命帶走，還好大家都有驚無險，我才知道我們的友誼非常堅固，大家要互相尊重、珍惜才對。（第二第三段對調，語意才能連貫）

　　三位焦點學生不約而同最難忘的事，都是寫游泳，可能是引導討論的時候，同學們對這件事討論最熱烈，而且是發生在最近，記憶最鮮明的關係。從三位的作品看來，因為經過自己修改及同儕互改後，標點與錯字的情況明顯改善，但是內容還是顯得貧乏；已有段落概念，但是句子與句子之間、段落與段落之間語意不連貫；可能是花較少的時間與注意力於寫作的計畫上，因此轉譯時發生問題，內容顯得零碎、斷裂、不完整，下次要多鼓勵計畫完整後再依照大綱轉譯，才能在質與量上提升。（思 D 摘 2008.11.03）

【貓貍文化之旅】

　　上完國語第三單元〈文化行腳〉後，恰逢苗栗縣文化中心舉辦貓貍文化之旅，二者都是文化參觀旅遊，是最佳的讀寫結合材料，於是老師請學生運用〈菊島巡禮〉這課的文章結構、修辭、句型及美詞於〈貓貍文化之旅〉；先分組合作完成文章結構，結構內容如下表：

表 8-2-19　貓貍文化參觀作文結構表

參觀原因	參觀經過			心得感想
	參觀主題	看到、聽到……	小結：意義	
1. 認識家鄉文化 2. 縣府補助推行	鐵道文物館	蒸氣火車、投媒練習場	交通不便時的輝煌代表	1. 增長見聞 2. 了解自己的文化
	地方法院	地檢署、法院、拘留所、少年法庭。	伸張公平正義	
	五穀陶瓷文化村	陶瓷製造過程、陶瓷品	改善生活	
	雪霸國家公園管理處	名稱由來、生態保育、影片	生態保育、環境保護	

（第三組資料）

1. 宏宏：貓貍文化參觀記

> 　　因為要走出戶外親身體驗苗栗客家文化，所以<u>我們去了貓貍文化。</u>
> 　　第一站來到了鐵道文化館，我們看到了很多就鐵道文化還有利用蒸汽推動的火車。
> 　　第二站來到了為新客家文物館，看到以前人用的物品（。）例如（：）
> 　　藍衫和吃的東西，也有以前人載東西的車子，來到這個地方，讓我學到客家文化及客家人堅（艱）苦奮鬥的精神。
> 　　第三站去了苗栗地方法院，一下車就覺得好恐怖，老師帶我們去看了<u>法院裡的設備和開庭</u>，又去參觀了地檢署的設備和拘留所，<u>法院是主持正義、公平的地方。</u>（語意不連貫）
> 　　第四站去五穀文化村和吃早餐，吃完我們去參觀<u>陶瓷製作的東西</u>，看完去買紀念品，買完老師叫大家拍照，拍完我們去套圈圈，一個圈圈一元，<u>我用了 15元玩</u>，我套了一個水鳥笛，（；）<u>後來我又買了一條項鍊</u>。陶瓷文化可以讓我們<u>的生活改善</u>。（語意不清且不連貫）

2. 綺綺：苗栗一日遊

> 　　我們會去苗栗是因為要了解苗栗文化－客家文化。能夠走出戶外－動態學習、親身體驗。
>
> 　　我們先去鐵道文物館看火車，火車分成兩種，一種是 CT 火車，另一種火車叫 DT 火車。我們又去投煤所參觀，投煤所是要讓司機考試的地方，<u>那邊的景觀很壯觀，那裡交通運輸方便</u>。（形容有誤）
>
> 　　接下來要去的是維新客家文物館，<u>他們的</u>特色是食衣住行等等。那裡的東西都很古老，<u>那裡的</u>意義是當時的客家文化－堅苦奮鬥。
>
> 　　（將架構圖上的資料直接作片段轉譯）
>
> 　　我們又去了地方法院，那裡有分兩邊，一邊是法院，一邊是地檢署，我們先去地檢署那裡。那裡面有育嬰室，那裡的娃娃是用模擬做出來的。又去看了拘留所，拘留所裡面感覺有點恐<u>步</u>，可是一進去時就覺得不恐<u>步</u>了，但是我覺得地檢署好嚴格，<u>法院還好而已，法院和地檢署都是公平的人</u>。（人與地方不分）
>
> 　　我覺得這些地方可以讓我增廣見聞，讓我多了解這些地方，我希望我畢業的時候可以去一個很好的地方讓我更了解那裡。

3. 銳銳：苗栗之旅

> 　　今天是戶外教學的日子，大家非常興奮，我們要去看苗栗文物，因為苗栗縣政府有補助讓我們了解客家文化，也讓我們能親身體驗不一樣的上課方式。
>
> 　　第一站大家來到鐵道文物館，鐵道文物館的導覽人員，介紹了兩種火車，這兩種火車的動力都來自於燒煤炭，火車分兩種，一種是 CT，一種是 DT，CT 的火車有三個輪子，DT 的火車有四個輪子。以前火車是主要的運輸工具。
>
> 　　第二站我們來到維新客家文物館，因為時間匆忙的關係，所以我們拍照玩就上車了，可是在拍照當中，老師的照相機忽然沒電了，老師跑上車在充電時，大家也準備上車了。
>
> 　　第三站，我們來到苗栗縣地方法院，有位哥哥帶我們去了許多地方，就有問問題，答對了就送禮物。
>
> 　　第四站五穀文化村，我們來到這裡，老師就拿（送來）便當，我們在這裡吃午飯，吃完午飯大家都搶著買冰，後來姊姊帶我們買陶製品，我買了一個老鼠的水鳥笛，裝水就能吹（出）鳥叫聲，非常好聽。
>
> 　　最後一站我們來到雪霸公園，到那裡時有一位伯伯帶我們到處講解生態知識給我們聽呢！剩下的時間就是拍照的時間了。
>
> 　　我非常感謝政府的補助，才能讓我們有這個機會去苗栗四處參觀。

從這篇作文來看，我發現三位焦點學生在寫作量上有所提升，但寫作技巧需加強。

(1) 內容：在同儕的協助下，終於找到了寫作材料，量有了明顯的提升。但是沒有注意語意不清楚又不連貫的狀況。

(2) 技巧：已有分段的基本概念，但是太過制式化，第一站……第二站……劃分太多段，部分段落可以合併寫，可能是意義段落的概念尚未建立的緣故。轉譯的過程只是看著結構圖一個一個轉譯，沒有考慮到參觀過程的邏輯性敘述，以及不著痕跡的將參觀意義帶入的技巧。

【城鄉交流記】

距離貓貍文化之旅一個月後，我們又有了城鄉交流的機會，參觀遊記延續一樣的概念結構，但是我強調不需要每站都寫，寫有深刻印象的，多一點內心感受的描述，少一些流水賬式的說明。並且請小組完成概念圖後再討論寫作大綱，以避免一站一個段落的情況發生。

(一) 城鄉交流寫作大綱

第一段：參觀原因：鄉下文化與城市文化的交流，促進互相了解。

第二段：參觀三峽老街、中園國小。

第三段：參觀天文館、住宿金山活動中心。

第四段：參觀野柳、核能發電廠。

第五段：參觀收穫：認識科技文化、岩石、大自然奧妙、交新朋友。

(二) 三位焦點學生的作品內容

1. 宏宏：臺北兩日遊

我們這一次要去兩天一夜的城鄉交流活動，老師說有很多學校要和我們栗林國小一起去，希望讓我們認識臺北文化以及和我們交流。

我們第一站來到了長福橋，又稱為七星橋，為什麼又稱為七星橋呢？解說的阿姨說因為橋上有七座涼亭（，）所以我們才稱他為七星橋。參觀完七星橋我們

來到了祖師廟，我看到了許多精雕細琢的石像，我還聽說祖師廟這些美麗的建築，是由五十多人建造的。

今天難得可以來到天文館，我們進去天文館裡，看到許多關於大峽谷與河流河水的影片，看完影片後，解說阿姨帶我們去看八大（型）行星，而我們聽了很多關於行星的故事。

接下來來到金山青年活動中心，而我們最期待的是今天晚上的溫泉之旅，我和我的兩位好朋友一起去，我聞到了淡淡的硫磺味，我泡下去時感覺心曠神怡，讓我想起了家鄉著名的大湖溫泉。不過，鄉下也有鄉下的好處，城市也有城市的壞處。就以空氣來說，城市的空氣比較糟，相對的，鄉下的空氣卻是無比的清新。雖然城鄉有他們的差距，但各有各的特色。

最後我們也平平安安、快快樂樂的度過城鄉之旅，也感謝政府的補助給我們這麼好的機會。

2. 綺綺：城鄉交流

我們這次會去城鄉交流的原因是要了解臺北當地的文化，和政府的補助，我們才可以去。

我們第一站先去三峽老街，三峽有祖師廟，祖師廟有七星橋，七星橋代表有七座涼亭，老街最有名的是金牛角。之後到了中園國小看表演，那裡的建築很壯觀，中園國小很大跟我們學校不一樣。

我們接下來要去的地方是臺北市天文館，我們先去看影片；影片看完看星座八大行星，八大行星有很多不同的大小（導覽員）還介紹月蝕和日蝕。

我們到金山青年活動中心，那裡的海風很大，所以我們要在那裡住一天，晚上吃完飯就去泡溫泉，溫泉水是海水溫泉，我們泡完溫泉就回房間休息。（前後句沒有關聯）

第二天我們到野柳參觀了各式各樣的石頭。到了核二廠我參觀電的來源（了解電）是從那裡傳送給我們家的。我們到淡水老街看到不同的廣告招排，跟我們一般的招牌不一樣。那裡最有名的就是阿給，老師還請我們吃阿給，那裡的阿給好辣喔！

我覺得這兩天的行程，可以參觀我們這裡沒有的東西，所以我們要更加努力才行。

3. 銳銳：城鄉交流記

Yes！要去城鄉交流了！我們大家這幾天非常開心，因為可以出去玩了，這次政府為了讓我們了解都市學校的設備，所以舉辦這個城鄉交流活動。

第一站我們來到了臺北的三峽老街，一下車我就看到接上的招牌大部分都寫著「金牛角」，這邊的牛角應該不錯吃喔！接著來到祖師廟。哇！看起來氣勢磅礡，有十八羅漢、八仙、龍等等……。又來到七星橋，為什麼叫七星橋呢？因為那裡有七座涼亭，那裡風景很美喔！

接著到了中園國小。哇！好漂亮好大喔！真希望我能讀到這麼美的學校多好阿！而且還有許多社團的表演呢！

第四站我們到了臺北市立天文教育館。哇！好多宇宙才能看到的東西，像行星、銀河……。解說人員先解說銀河再說行星，<u>過來就是我們的自由時間啦</u>！終於我們來到金山青年活動中心，我們認識環境、吃完飯<u>就</u>去泡湯玩了一下，<u>就</u>回來睡覺了，第二天起床刷牙吃飯<u>就</u>去下一站了。

第二天我們到了因女王頭而著名的野柳，我們帶著興奮的心情去看女王頭，因為聽說女王頭快斷了，近看一點都不像女王頭，遠看才相信那是女王頭。而且我們看了許多奇奇怪怪的石頭，<u>我覺得仙女鞋好大喔</u>！<u>我覺得</u>那應該是巨人仙女的鞋子吧！大象也好大喔！

第七站我們來到核二廠，解說人員都說<u>人都不敢住</u>在核二廠附近，因為他們怕輻射。其實並沒有這麼可怕，因為手機、電腦……等更多輻射，所以許多人有不孕症就是這個原因。最後我們來到淡水老街，聽說淡水老街的名產有阿給、魚丸、魚穌、鐵蛋、酸梅湯，我們逛街我買了土耳其冰淇淋，我們逛了一個多小時就到淡水車站前集合，然後就回家了。

我希望下次如果還有再去的機會的話，我一定參加城鄉交流，還可以交朋友。

在同儕協助完成寫作大綱後，段落的劃分有了改進；只是內容平鋪直敘，較少深刻的描述，文句表達仍出現語意不清詞不達意的現象、出現贅詞很多。雖然還有很多待改進的部分，但整體來說，從不會寫到能夠寫出400～500個字一篇結構完整的文章，算是向前跨了一大進步。

（三）學習興趣與態度

每次月考結束，教務處抽查習作及作文簿時，催促三位焦點學生補寫作文是我的最大惡夢，總是在三催四請之下不了了之，毫無對策。沒想到寫作補救教學方案的實施下完全改觀，尤其是最後一篇城鄉交流之旅，不需要老師催促，雖然花的時間較一般學生長，但是三位焦點學生都能利用空檔時間專心獨立完成。

宏：老師你看我的作文越來越高分。

銳：其實寫作文好像不會很難。

（四）研究者發現

採過程導向及同儕協助的寫作教學，能有效提升學生的寫作能力。

1. 「寫作內容」：在全班腦力激盪合作聯想找概念下，豐富了寫作內容，焦點學生找到了寫作材料。
2. 「組織結構」：在概念構圖的引導之下，焦點學生能理解寫作的步驟及知識連結的方法和概念。
3. 「轉譯文章」：經過聆聽說話的口述練習下，焦點學生能夠將這樣的經驗連結到轉譯作文上，學會思考文章的連接。宏宏的成效較顯著，綺綺與銳銳再繼續熟練後，也必定能夠將注意力集中於文章的連結上。
4. 「文句表達」：沒有顯著的進步，常見語意不清、詞不達意的現象。
5. 「回顧修正」：大部分學生只能把焦點集中在錯字、別字、漏字及標點符號上。較少能指出在文句的不通順、不連貫，是否增減段落及檢視文章與概念圖是否符合。

我一直認為三位焦點學生除了綺綺語構能力稍差外，宏宏、銳銳說起話來聰明伶俐，但是老是寫不出一篇完整的作文，藉由同儕協助，及寫作歷程的引導之下，成效顯著，我發現更神奇的是以往錯字連篇的宏宏竟然錯字也突然變少了。

（五）學生的反應

以回饋問卷單來了解實施寫作補救教學後，學生對教學活動反應與滿意的情形。焦點學生反應情形如下表：

229

表 8-2-20　寫作補救教學回饋問卷

題目	學生反應		
	宏宏	綺綺	銳銳
1. 你覺得你的作文比以前進步嗎？	有。我覺得自己進步很多。	有，因為我以前不會寫作文。	有。因為我有心想學。
2. 你喜歡這樣的上課方式嗎？	喜歡。	喜歡。因為使我更了解。	喜歡。比較聽得懂。
3. 你覺得用概念構圖能幫助你寫作嗎？	能，我看著圖說再寫。	可以。如果沒有圖我就比較不會寫。	有問題可以看概念構圖。
4. 你覺得寫作文對你來說困難嗎？最困難的是什麼？	還好。有時候不知道要寫什麼？	困難。我不會用標點符號和句型。	我常寫囉嗦的話。
5. 你覺得寫作的過程同學對你的幫助大嗎？	很好。我比較知道要寫什麼？	不會的時候同學會告訴我。	會告訴我哪些要寫和不要寫。
6. 小組討論時，你會認真思考，和同學合作嗎？	會。	會分工合作。	會。
7. 你會想辦法把自己的想法用精準的語詞來表達嗎？（修辭、句型、成語……）	還好。	不會。	有時候會。
8. 幫同學校正作文時你會注意什麼？	錯別字。	錯字。	錯字・句子有沒有順。

　　從問卷來看，學生認為概念構圖和同儕的協助對她們影響最大，但是句型、成語修辭的成效較低，作文的修改只侷限在錯別字，這些有待修正改進。

　　透過與科任教師及家長的訪談，以驗證焦點學生在實施補救教學後的成效。

（六）協助觀察者（科任教師）訪談回饋

1.學習態度的轉變：

> T1：這三個孩子這學期的轉變很大，連氣質看起來都不一樣了。
>
> （訪 E 摘 2008.12.21）
>
> T2：銳銳這學期真的進步很多，好像突然開竅了。
>
> （訪 E 摘 2008.12.21）
>
> T3：你真的很厲害把宏宏帶得服服貼貼的，你看過他以前斜眼瞪他的導師的樣子嗎？你知道他以前摔老師東西的樣子嗎？現在我看他態度好多了。
>
> （訪 E 摘 2008.12.22）

回想期初時，除了綺綺乖巧，不會與同學發生衝突外，宏宏和銳銳上課時老是演出大武行，尤其是上科任課，我還常常需要回教室處理紛爭。

> T1：宏宏上課時不知道為什麼老是會和同學起爭執，根本不聽我的，所以常常要麻煩你上來處理。
>
> （訪 E 摘 2008.10.15）
>
> T2：宏和銳學習能力還可以，但是人際關係很差。
>
> （訪 E 摘 2008.10.15）
>
> T3：我終於知道銳的人際關係為什麼不好，宏在訂正作業，他就在一邊說風涼話他說：「這個都不會喔！連這個都不會喔！」他自己也沒多會。
>
> （訪 E 摘 2008.09.24）
>
> S9：每次叫他快點寫，他都不做說要你管，我不喜歡和他同一組。
>
> （訪 E 摘 2008.09.24）

2.其他學科的學習：

> T1：我規定他們一天背一個單字，到目前為止學習還算好，有進步，但是因為程度太差，要背很久，背了又忘。

T2：綺以前很讓我傷腦筋，有時真的搞不懂他，平常考都複習過了，月考幾乎都是考過的題目，他竟然也會考不及格，現在雖然還不是很好，至少有進步。

T3：宏我告訴他，再努力點，我答應送他一顆籃球。

（訪 E 摘 2008.12.24）

　　重新找回自信後的三位焦點學生，學習態度有了明顯的轉變，但是其他學科因為基本能力落後太多，需要時間等待，或需要更有效的教學策略，才能有較顯著的進步。

（七）家長訪談回饋

　1.宏宏家：

祖母：這孩子父母都不在，又很皮，我拿他一點辦法都沒有，叫他寫作業，他就拖拖拉拉，弄得最後姑姑、叔叔都懶得管他。

祖母：以前林老師常常打電話給我，說他在學校和同學打架，又每天不寫作業，問我怎麼辦？我哪裡知道要怎麼辦？

宏姑：宏他遇到貴人了，這學期我才開始看到他回家會寫作業。

祖母：那天，他很高興告訴我他的月考國語八十分，數學考及格了，還拿了進步獎的獎狀，我也替她高興，還特別獎勵他。

叔叔：這學期看起來像樣多了，有時候一回到家會說要去隔壁同學家做功課。

（訪 E 摘 2008.12.24）

　　宏宏的進步似乎讓家人鬆了口氣，一直在行為上和學習上給家裡帶來的困擾，從訪談中得知已獲得改善。

　2、綺綺家：

綺爸：他以前成績糟的要命，現在好多了，問他也比較會回答，不像以前，怎麼問就是不說話，有時候就火大。

> 綺媽：現在回家看起來會認真跟妹妹寫作業，不會，我說問爸爸，
> 　　　我不會教，看不懂。

（訪 E 摘 2009.01.09）

　　記得期初家訪時，得知爸媽對綺綺這個孩子也是束手無策，媽媽不會教，管不動；爸爸整天往外跑，孩子又不敢問爸爸，回到家不是看電視就是吵吵鬧鬧。

> 綺媽：有時候一面寫一面玩一面看電視，托托拉拉到很晚。我問
> 　　　他作業寫完了嗎？他說寫完了。我又看不懂。

（訪 E 摘 2008.10.15）

3、銳銳家：

> 銳爸：現在看到他國語也可以考九十幾分，數學偶而也考八十
> 　　　幾，真的進步很多。我就一直覺得這孩子說起話來聰明伶
> 　　　俐，怎麼會不會讀書。
> 銳爸：最近他很愛看課外書，那天跟我要錢買書，我也給他買。

（訪 E 摘 2008.12.31）

　　根據銳爸的說法，孩子也有了不一樣的表現，甚至有了閱讀的興趣。我覺得實施補救教學只要老師用心，運用有效的策略，成效是很容易顯現出來的。

第三節　可為一切補救教學的新範式

　　本補救教學方案所研究的三位焦點學生，為臺灣新弱勢族群——新移民女性子女，面對臺灣的新經驗，企圖設計一套為他們量身打造的新移民女性子女國語文補救教學方案以別於一般常見的補救教學方案，得以樹立補救教學的新範式正是本研究的最大目的。以下說明此新範式且可以推廣運用的新移民女性子女補救教學方案的特色：

一、於正式課程達補救教學的效果

國內常見補救教學的方案有資源教室、學習站或套裝材料學習的型態，對於資優學生或學習困難的學生提供教室與教材實施個別化的輔導措施。新移民女性子女國語文補救教學方案，因所實施對象的特殊性，起因於早期家庭無法提供語文學習環境而造成他們的低興趣、低信心、低學習的技巧，所以本方案以正式的課程中營造豐富的語言學習環境，他們得以在這個環境裡安全而放心的學習和同儕互動及提升學習的技巧，找回信心與人際，以真正符合他們的需求，達補救的效果。

二、聽說讀寫全面性補救

語文教學包含聽說讀寫，早期的認知認為聽說讀寫的發展有其順序性，而大部分的教學依此順序推進。自從讀寫萌發理論推行後，認為語文學習並沒有明顯的階段性，非直線的模式而是環與中心的模式，以閱讀為中心與聆聽說話、生字詞彙、寫作之間緊密結合。補救教學倘若只是局部處理，會造成頭痛醫頭、腳痛醫腳，成效必然不彰；所以新移民女性子女補救教學採聽說讀寫進行全面性相互聯絡的補救有別於一般局部性的補救教學。

三、採用多元而創新的補救教學策略

一般補救教學採用直接教學、精熟教學及個別化的教學策略。直接教學法目的在教導學生簡單的讀寫技能；精熟教學認為造成學習落後的原因在於熟練不足，重複練習以達精熟，是它的補救策略；個別化教學提供個別教材採獨立進行以達精熟補救的方式。而新移民女性子女國語文補救教學運用多樣化創新的補救教學策略來活潑教學的活動提升學習效能。討論式、探究式及創造思考式的教學為閱讀教學的策略，生字詞

彙以隨文識字及集中識字教學混合運用，並以聽說演教學強化聆聽說話
能力；終以環境式及個別化式教學策略來補救寫作能力的不足。

四、指導具體可行的學習策略以保留學習效果

於正式的課程，用正規的教材內容增添輔助材料，設計生動活潑的
教學活動，並以學習策略為整個教學的重點。閱讀補救教學引導預測、
劃線、澄清、摘要及提問等學習策略；生字詞彙學習上下文測義、形近
字帶字、部首表義、聲旁表音及詞彙網擴充詞彙量的學習策略；聆聽說
話以聽故事作筆記及表演、複述故事為學習策略；最後以概念構圖、轉
譯、回顧修正等策略來學習寫作。這些習得的策略可延用於任何文本與
學科，發展他們一生帶得走的能力。

五、營造相互接納的支持性學習環境

以同儕為學習的鷹架，安排小團體合作，對低成就的新移民女性子
女來說，不但有利於認知的發展，同時也能提升學習的動機與成就及對
作業的持續，獲得同儕的認同與支持，進而發展社會人際的互動能力，
養成尋求協助的習慣。

運用合適的獎勵制度以激勵學習的動機，製造成功的經驗來提高學
習的興趣，並以溫暖的師生情懷穩定學習的成長。

六、此方案教學也適用於一般的學生

在正式課程實施補救教學，同儕的互動不但可增強低成就學生的學
習成效，對提供同儕指導的學生來說，也是一個助人經驗的學習管道，
認識新移民女性子女的特質，給予情感上的支持與認同；也能在多元創
新的教學中學習具體的學習策略，發展觀察、思考、想像及表達的能力，
以增強自學及解決問題的能力。

　　綜合以上新移民子女補救教學方案的特色，有別於一般的補救教學，說明了此方案可成為一切補救教學的新範式。茲列表比較本研究補救教學方案與一般補救教學的差異如下：

表 8-3-1　補救教學差異比較表

項目	新移民女性子女補救教學方案	一般補救教學方案
補救教學型態	於正式課程實施	採資源教室、學習站或套裝材料學習的型態
補救範圍	聽說讀寫全面性混合補救	閱讀、識字、寫作、說話階段局部補救
補救教學策略	多元而創新的教學策略	直接、精熟、個別化教學
課程類型	學習策略教學法	導生式、補償式
學習環境	班級內同儕合作學習	課外個別輔導或小組輔導
適用對象	新移民女性子女低成就學生與一般生皆適用	適用於身心障礙、學習困難學生

第九章　結論

第一節　重點回顧

　　「老師我是不是混血兒？聽說我媽媽是印尼的土著，所以我的皮膚才這麼黑？」當進到一半以上都是新移民女性子女的班級，面對這群家庭功能失調、文化認同存疑、學業成就高度落差，行為難以管束的新移民女性子女時，老師是不是已經準備好用怎樣的行動策略去面對了？回顧過去一年多來，我面對學校新興的重要族群，以尊重多元文化的觀念，為他們設計一套有效的國語文補救教學方案，實現教育的公平正義。目標鎖定新移民女性子女國語文學習落後者為對象後，試圖利用理論建構及實務驗證來找尋國語文補救的方案，為自己、為班上有新移民子女的老師帶來助益，尋得因應的對策。

　　本研究分三大部分：首先以文獻探討新移民女性在臺適應、子女教育及國內國語文補救教學現況；第二部分以理論建構國語文補救教學方案包括——閱讀、生字詞彙、聆聽說話及寫作教學方案；第三部分於正式課程實施此方案以驗證其成效，進而建立補救教學的新範式。

一、探討新移民女性在臺適應、子女就學及國內補救教學現況相關文獻

（一）新移民女性在臺適應現況

　　臺灣第五大族群新移民女性的加入，因為一般人民對第三世界的無知與偏見，造成她們在臺生活適應的困境。她們背負著「製造社會問題」、

「降低人口素質」、「占用社會福利資源」、「被扭曲商品化婚姻」的污名；使得她們遭受到社會的歧視，先生又多為低社經地位，嫁來即須面對「經濟」的困境、「婚姻」的調適、「文化差異」的衝突又在缺乏「支援」的系統下遭遇「子女教養」的困難。

（二）新移民女性子女就學現況

新移民女性子女造成臺灣人口結構的改變，跨國婚姻因語言、文化、教養觀念的差距，這些孩子在家庭環境（溝通不良產生的家庭衝突）、經濟環境（職業低、家庭收入低）及教育環境（父母教育程度低，教養採放任態度）等弱勢之下，上小學後，學校適應問題、學習問題、行為問題便一一浮現。

對教師如何協助學校適應困難的新移民子女，提出幾個思考點與努力方向：

1. 消除對新移民子女的「刻板」的印象，以當孩子的貴人為職志。
2. 建立「親師溝通」的管道。
3. 探討「語言學習」的困擾與補救。
4. 營造「教室合作學習」的環境。
5. 對他們存有轉變的期望與讚賞他們的表現。

（三）國內補救教學現況

1. 就補救模式、補救歷程、運用的策略、課程內容、教學設計的原則探討補救教學的相關理論。
2. 國內國語文補救教學實施概況：
（1）在國內有關補救教學研究，多為數理科的補救，國語科一直被認為理所當然應該要會的科目，無需補救，所以探討國語科補救教學的文獻，寥寥可數。
（2）多針對國語文閱讀障礙兒童為實驗對象，藉著「資源教室」的個別化補救教學方案，作有系統的分析、輔導與矯治，使學童能獲得有效的學習與潛能的充分發展。

（3）利用課後或寒暑假實施，將聽、說、讀、寫切割處理，作局部補救。

二、以理論建構國語文閱讀、生字詞彙、聆聽說話、寫作補救教學方案

　　仰賴發生學方法、符號學方法、現象主義方法等來建構新移民女性子女的國語文補救教學方案以別於國內一般的國語文補救教學方案：

(一) 探討新移民女性子女閱讀能力發展落後的成因及問題解析，以討論式閱讀、探究式閱讀、創造思考式閱讀等設計預測、劃線、澄清、摘要、提問學習策略課程，建構閱讀補救教學方案。

(二) 探討新移民女性子女字形辨析及詞彙量不足造成閱讀解碼的困難因素；探討符號辨識的歷程，說明分散識字的意義及用法；整理出以字為核心，分別用漢字的形、音、義切入，將相似部分進行歸類，以發現漢字放在一起的規律性；藉分散識字、集中識字理論建構生字詞彙補救教學方案，以此理論設計活動，補救新移民女性子女詞彙量不足造成的閱讀解碼的困難。

(三) 解決因早期缺乏語言刺激造成新移民女性子女「聽不懂」「說不清」的問題，探討聆聽、說話理解要素及發展歷程，並說明二者之間的關係於教學上的運用，以此理論建構聽說演連結的聆聽說話補救教學方案。

(四) 寫作能力是集所有國語文能力於一身，最高境界的表現，對新移民女性子女來說能寫出合乎語法的句子來已非易事，遑論結構完整段落分明的文章。以環境式及個別化式寫作教學的內涵、教學的缺失、及指導原則並以腦力激盪找概念、概念構圖整理概念、轉譯概念及同儕輔助回饋修正的學習策略課程，建構寫作補救教學方案。

以下表列說明理論建構的補救教學方案：

表 9-1-1　教學方案理論建構說明表

補救教學方案	教學策略	補救教學方案設計
閱讀	討論式閱讀 探究式閱讀 創造思考式閱讀	預測課文 摘要課文大意 內容深究、形式探究
生字詞彙	隨文識字教學 集中識字教學 聽讀識字教學	課文析出生詞推測詞意 部件分析 部首釋義 詞彙網教學
聆聽說話	聽說演故事教學	聽故事作筆記 說故事 演故事
寫作	環境式寫作 個別化式寫作	同儕協助蒐集資料、畫概念圖、轉譯作文、 修改作文、發表作品

三、以實務印證閱讀、生字詞彙、聆聽說話、寫作補救教學方案的實施成效

　　以個案研究法，配合參與者訪談、觀察、反思、紙筆測驗、作品分析來進行研究，以印證國語文補救教學的成效。

（一）選擇研究對象進行教學前家庭訪談

　　選擇我任教的國小六年級 3 位新移民女性子女國語低成就學生為對象。訪談 2 位焦點學生印尼籍媽媽及 1 位祖母，從學生身心狀況、父母因素、家庭環境不利因素及學校不利因素四個面向來了解造成學習低落的成因，給予適切的幫助，結果發現 3 位研究對象他們都不是智能遲緩的兒童，而是因為父母及家庭不利因素導致學校適應不良，形成學習的落後。

（二）閱讀補救教學方案的實施

　　以康軒第十一冊課文為主軸，從主題及圖片預測課文大意，摘要文章大意、澄清詞意句意、探究內容中學習預測、摘要、澄清、提問等閱

讀理解策略。分兩階段進行，第一階段主題加圖片預測成效佳，會用 5WH 摘要大意，但口述連貫性較差，澄清策略較難，提問頗能引起學生的興趣。經過我第一階段觀察、反思及學生的反應後調整方案，異質性分組改同質性分組、重訂獎勵辦法、改以完成結構圖後摘取故事大意。從閱讀前後測分數可以看出經過閱讀教學後，學生成績都有進步，尤其策略操作越純熟後，成績進步的幅度越大。

（三）生字詞彙補救教學方案的實施

　　與閱讀補救教學相互連貫，採隨文識字（從上下文猜測詞意）及集中識字教學（易錯字、形近字、形聲字的辨識習寫）及詞彙網的擴充教學。

　　隨文識字教學較能符合兒童具體到抽象認知的原則確實能加深理解及學習的興趣；集中識字教學運用中文字部首表義的特性，讓學生分析、比較、分化、辨認和理解，掌握規律，化難為易來學習。部首識字、形近字帶字成效較佳，形聲字發生較多的錯誤，可能是對部首意義較能掌握，對字音辨讀的認知較薄弱的關係。

（四）聆聽說話補救教學方案的實施

　　聆聽說話教學選擇篇幅小、難易適中、文字簡潔、故事情節具教化意義發人深省的小故事為教材，以預測故事、作筆記、說演故事為學習策略，從預測故事、聽故事作筆記到演故事、複述故事的流程進行聆聽說話教學。我紀錄檢核內容以分析成效，從筆記內容及口述內容的完整性來看，經過五次的練習，筆記越來越完整，口述字數也越來越多，句子的連貫性也越好，並且能將習得的策略遷移至寫作。

（五）寫作補救教學方案的實施

　　配合閱讀主題延伸寫作教學，第一階段為意義的延伸，第二階段是形式的延伸。以過程導向補救教學法及同儕為學習鷹架，透過腦力激盪找概念及組織概念化概念圖的方式擬定計畫、獨立轉譯作文到相互修改作文的過程進行補救教學方案的實施，從學生作品來分析，學生從不會

寫作到能寫出結構完整 400～500 個字一篇的文章，算是向前跨了一大進步。以下表概略說明此教學方案驗證的過程與成效。

表 9-1-2　教學方案實務驗證說明表

補救教學方案	成效檢核方法			結果
	實施前	實施中	實施後	
閱讀	訪談、閱讀測驗	觀察、訪談	訪談、閱讀測驗	閱讀測驗—— 答對率：實施前 55%～69% 實施後 78%～95% 進步率：25%～31%
生字詞彙	朗讀流暢性測驗、文字注音測驗	觀察	寫國字注音、造詞、訪談	答對率： 國字注音測驗 66%～84% 部首造詞測驗 76%～92%
聆聽說話	訪談	觀察、訪談	筆記、口述內容檢核分析、問卷	筆記內容結構越趨完整、能說 500～600 個字
寫作	訪談	觀察、訪談	作品字數統計內容分析問卷	結構越趨完整能寫 400～500 個字

（六）結果

　　於正式課程實施補救教學，檢視運用此教學方案的實施對焦點學生聽、說、讀、寫肯定的信念。同時也讓我不斷從省思與行動中，體驗專業成長的喜悅並達成以下的結果：

1. 運用概念構圖以閱讀為中心聯絡生字詞彙、聆聽說話、寫作教學，能有效提升語文能力，對中、低能力學童尤其顯著。本研究以課文為教材，用概念圖聯絡聽、說、讀、寫，以閱讀為中心聯絡貫穿聽說讀寫。閱讀地圖、詞彙網、說話筆記、及寫作概念圖過程中強調文章結構分析與重點概念的提取，這些能力正是它們共同的重要成分。閱讀地圖與說話筆記相通。說話練習時，焦點學生目視概念圖進行發表，與口述作文及寫作轉譯的過程完全相同，能相互聯絡，相互增強。

2. 小組討論合作學習模式能促進聽、說、讀、寫能力。小組討論合作學習模式，除了增加師生互動的機會，教師容易掌握學習狀況之外，最大的價值在於同儕之間的互動學習，不論是文章內容的討論、形式的探究，口述及表演的發表，焦點的對話及有效的溝通，都能有效的提升聽、說、讀、寫的能力。從團體討論到分組討論進而獨立學習的學習歷程更是搭起有效的學習鷹架。

3. 集中識字教學對識字困難學生具立即的效果。運用漢字組合的特性，來學習字音、字形與字義相互結合的原則來做有系統的歸類區辨，對識字困難的學生來說，能增強記憶生字能力，進而改善閱讀解碼的能力。

4. 引導學習策略的學習，能有效提升學習能力。閱讀時引導學習預測、澄清、提問、摘要策略；生字詞彙運用隨文識字、集中識字策略；聆聽說話學習作筆記、聽說演策略；寫作練習找概念、畫概念、轉譯、修正策略。學習過程中，具體易學，重複熟練這些策略後，不但可以提升學習能力，也可以將習得的這些能力延伸運用至其他文本或學科的學習。

5. 多元創新的活潑教學方式及自己跟自己比的榮譽制度，能提升學生學習的興趣。以學生為學習的主體，避免講述法教學，以活動建構整個學習活動。對於不習慣或無法專注聆聽學習的低中程度的學生來說，做中學的活動式學習方式較能提升學習的興趣。自己跟自己比的榮譽制度，對低程度的學生來說，重新燃起學習的動力，活絡了班級的學習氣氛，有效提升學習的效果。

6. 可成為一切補救教學的新範式。為新移民女性子女特別量身打造的國語文補救教學，具有獨特的風格，與一般的補救教學在型態上、範圍上、策略學習上、適用對象以及學習環境上有所差異。固然適用於新移民女性子女，也適用於弱勢學生，甚至一般學生，可望成為補救教學的新範式。

第二節　未來研究的展望

好的方案奠下了成功的契機，對未來研究方向提出建議：

(一) 本研究的研究對象，只侷限在我任教的六年級三位新移民女性子女國語文低成就的學生，可擴及其他地區、其他年級或班級有新移民女性子女的國語文補救教學，甚至一般學生的國語文補救教學。

(二) 本研究只進行一個學期，補救效果是否具有保留性，需要更長時間的觀察，倘若能延長時間追蹤觀察，驗證的成效將更具可靠性。

(三) 良好的學習態度和習慣是學習的要素，需要親師密切的合作方能收效，新移民女性子女家庭，對教養觀念及技巧欠缺，補救倘若能加強親子共讀，成效必然顯著，這是本研究暫時無法顧及的部分，未來可考慮增加。

(四) 聆聽說話、寫作補救教學中，可以觀察到焦點學生思考中段時出現停頓、贅詞、重複詞的現象，以及不善使用段落轉折承接的用詞，建議未來可加強練習複句、語法、修辭，不但可以改善說話的流暢度，而且可以增進寫作時句子與句子，段落與段落之間的連貫性。

(五) 閱讀補救教學學習策略可延伸運用至其他文本及其他學科，以追蹤其成效。寫作補救教學只限於記敘文寫作，可運用於其他文體以檢測其成效。

(六) 可將此新移民女性子女國語文補救教學方案，延伸運用於正常國語文教學，於正式課程達補救教學的效果，不再額外於課堂外進行補救，成為補救教學的新典範，擴大昇華於其他研究。

引用文獻

一、中文部分

子魚（2007），《說演故事空手道》，臺北：天衛。

王文浩、馮應榴輯註（1985），《蘇軾詩集》，臺北：學海。

王玉川譯（1965），泰勒著，《聽話》，臺北：益智。

王宏仁（2001），〈社會階級下的婚姻移民與國內勞動市場：以越南新娘為例〉，《臺灣社會月刊》，41：99-127。

王志成（1996），〈談小學生常用的部首〉，《新竹師院國教世紀》，186：14-19。

內政部兒童局（2004），《外籍與大陸配偶照顧輔導措施辦理情形第三次檢討會議報告》，臺中：內政部兒童局。

史榮光（1991），〈聽讀識字及其心理分析〉，載於袁曉園主編，《漢字和與學術研討會文集（上）》，314-327，吉林：吉林。

朱若蘭（2006.10.26），〈拉越南兒一把，伊甸給補助〉，《聯合報》，C5版。

伍維婷、王君琳（2003.08.30），〈為新移入女性正名〉，《中國時報》，A15版。

李瑛（2006），〈邁向「他者」與「賦權」新移民女性的學習與教養探討〉《教育研究月刊》，141：25-36。

李玉蕙、吳清基（2007），〈新移民幼兒教育的藍海思維〉，《學校行政雙月刊》，47：227。

李安妮（2006），〈應用自我調整策略發展模式於學習障礙學生寫作教學〉，《特殊教育季刊》，98：32-40。

李佳佳（2002），《未成年母親的小孩在國一、二年級智力、行為與學習成就表現》，成功大學公共衛生研究所碩士論文，未出版。

李素惠（2007.10.22），〈文化歧異鴨仔蛋 VS 皮蛋〉，《中國時報》，T1版。

李詠吟（1998），〈維考斯基（Levs.Vygotsky）的認知學說在教學的應用〉，《教師天地》，93：17-22。

李麗霞（1990），〈新竹縣國小教師實施作文教學之現況調查〉，《國教世紀》，25（4）：11-18。

杜正治（1993），《補救教學實施》，臺北：心理。

杜淑真（1986），《國小作文教學探究》。臺北：學生。

呂正雄（1992），〈國民小學討論教學法及共同學習法的理論與實際〉，《臺灣教育》，504：46-49。

呂美娟（1999），〈基本字帶字識字教學對國小識字困難學生成效之探討〉，臺灣師範大學特殊教育研究所碩士論文，未出版。

吳芝儀、李奉儒譯（1995），巴頓著，《質的評鑑與研究》，臺北：桂冠。

吳英長（1988），《國小學生小組討論運作方式之初探——以萬芳國小為例》，臺北：928。

吳美枝、何禮恩（2001），《行動研究——生活實踐家的研究錦囊》，嘉義：濤石。

吳聲純（2003），《團體探究法與依班分組學習對國中生學習鄉土植物之比較研究》，彰化師範大學生物研究所碩士論文，未出版。

沈惠芳（2005），《我就是這樣教作文》，臺北：天衛。

何勝峰（2007），《最受歡迎的 100 個行銷故事》，臺北：德威。

佟樂泉、張一清（1999），《小學識字教學研究》，廣州：廣東教育。

余關耀、張慶（2001），《中國當代小學與文教育改革研究》，成都：四川教育。

林文寶（1995），《兒童詩歌論集》，高雄：復文。

林文寶、錡寶香（2000），〈兒童口語理解測驗之編製〉，《特殊教育研究學刊》，19：105-125。

林志堅（2002），《外籍新娘子女身心發展遲緩之臨床研究》，行政院衛生署國民健康委託研究報告書，臺北：行政院。

林青山譯（1990），梅耶著，《教育心理學：認知取向》，臺北：遠流。

林育毅、王明泉（2007），〈國小階段釋字教學成效之後設分析——以單一受試實驗研究法為例〉，《臺東特殊教育學報》，9：9-28。

林秀玲（1994），〈輕度智能不足兒童注音符號補救教學效果之研究〉，彰化師範大學特殊教育研究所碩士論文，未出版。

林秀美（2003.03.15）〈外籍新娘適應不良影響下一代〉，《民生報》，CR2 版。

林佩璇（2004），《學校課程實踐與行動研究》，臺北：高等教育。

林若男・李錦英（1996），《小學語文教育研究》，合肥：中國科學技術大學。

林美鳳（2006），〈識字教學探討——一個國小教師的反思〉，《中國語文》，597：74-80。

林倖妃（2007.10.22），〈舊世代落地生根擺脫母國烙印〉，《中國時報》，T2 版。

林振春（2001），〈全民閱讀與讀書會〉，《社教雙月刊》，101：23-27。

林崇德（1995），《小學生心理學》，臺北：五南。

林惠芬、林宏熾（2000），〈國小學習障礙學生聽覺理解錯誤類型分析研究〉，《特殊學報》，14：233-256。

林瑞益（1994），〈分組討論之學習輔導策略〉，《花蓮文教》，10：45-48。

林璣萍（2003），《臺灣新興的弱勢學生——外籍新娘子女學校適應現況之研究》，臺東大學教育研究所碩士論文，未出版。

林寶山（2000），《教學原理》，臺北：五南。

周立勳（1998），《如何從閱讀中激發兒童創造力》，讀書會領導人參考手冊，嘉義：嘉義市立文化中心。

周美珍（2001），〈新竹縣外籍新娘生育狀況探討〉，《公共衛生》，28：255-265。

周美華；呂振嘉（1986），〈閱讀障礙學童與資源教室方案的探討〉，《職能治療學會雜誌》，4，45-50。

周慶華（2004），《語文研究法》，臺北：洪葉。

周慶華（2007），《語文教學方法》，臺北：里仁。

邱芳晞（2003），〈東南亞外籍新娘家庭問題與協助需求之探討〉，《社區發展季刊》，101：176-181。

邱豐盛、鄭秀琴（2005），〈正視新移民子女的學習及教養問題〉，《教師天地》，137：67-73。

邵慧綺（2003），〈識知覺能力與聲韻能力對閱讀障礙者是字學習之影響〉，《特殊教育》，87：23-33。

洪月女譯（1998），郭德曼著，《談閱讀》，臺北：心理。

胡幼慧（1996），《質的評鑑與研究》，臺北：桂冠。

胡志偉、顏乃欣（1991），〈閱讀中文的心理歷程：80 年代研究的回顧與展望〉，《中國語文心理學研究第一年度結案報告》，77-124，嘉義：中正大學認知科學研究中心。

馬行誼（1997），〈有關國語科傾聽教學的幾個問題〉，《國教輔導》，37（2），12-17。

施仲謀（1994），〈識字教學初探〉，載於《海峽兩岸小學語文教學研討會論文集》127-131，臺北：臺北市立師範學院。

范長華（1992），〈國小課外讀物指導的探討〉，《國教輔導》，31：12-16。

柯華葳、李俊仁（1996），〈國小低年級學生語音覺識能力與認字能力的發展：一個縱貫的研究〉，《國立中正大學學報社會科學分冊》，7(1)：49-66。

柯華葳（1999），〈讀能力的發展〉，載於曾進興策畫主編，《語言病理學基礎》，3：83-119。臺北：心理。

柯華葳（2006），《教出閱讀力》，臺北：天下。

徐光國、洪清一、陳芬蘭、陳芳珊（1993），《國小一年級學習遲緩學生國語科補救教學效果之研究》，花蓮：花蓮師範學院特殊教育中心。

徐宗國譯（1997），史粹勞斯等著，《質性研究概論》，臺北：巨流。

郝恩美（1999），〈現代漢字的教學方法〉，載於呂必松編，《漢字與漢字教學研究論文選》，294-309，北京：北京大學。

夏曉鵑（1997），〈女性身體的貿易——臺灣／印尼新娘貿易的階級、族群關係與性別分析〉，《騷動》，4：10-21。

夏曉鵑（2002），《流動尋岸——資本國際化的外籍新娘現象》，臺北：臺灣社會研究季刊社。

夏曉鵑（2005），〈解開面對新移民的焦慮〉，《學生輔導季刊》，97：6-27。

孫鶴雲譯（2007），南美英著，《晨讀10分鐘》，臺北：天下。

郭生玉（1995），〈臺北市國民中小學實施補救教學相關問題之研究〉，臺北市政建設專機研究報告第255號，臺北：臺北市政府。

郭生玉（2002），《心理與教育研究法》，臺北：精華。

郭麗玲（1994），〈小學教師如何做閱讀指導〉，《書苑季刊》，21：21-25。

張玉明（2006），〈寓言寫作教學設計〉，《國文天地》，22（3）：66-71。

張材桂（1994），〈淺談創造思考教學〉，《儒林學報》，10：36-45。

張芝萱（2002），〈堆動兒童閱讀的行動與反思〉，《教育研究資訊》，13：148-151。

張明慧（2005），〈新臺灣之子之兒童發展與輔導策略〉，《學生輔導季刊》，97：38-53。

張春興、林清山（1981），《教育心理學》，臺北：東華。

張振成（1997），〈實施創造思考教學的原則與策略〉，《菁莪季刊》，12：66-69。

張莉珍（2004），〈一個低閱讀能力兒童的策略學習方案〉，《特殊教育季刊》，90：19-24。

張淑猜（2005），《外籍配偶子女學習本國語文之個案研究》，嘉義大學國民教育研究所碩士論文，未出版。

張新仁（1989），〈現代教學方法的新趨勢〉，《高雄師大教育研究》，2：
　　69-88。

張新仁（1992），《寫作教學研究》，高雄：復文。

張新仁（1994），〈著重過程的寫作教學策略〉，《特教園丁》，9（3）：1-9。

張新仁（1995），《教學原理與策略》，臺北：五南。

張新仁（2001），〈實施補救教學之課程與教學設計〉，《教育學刊》，17：
　　85-106。

張新仁、邱上真、李素慧（2000），〈國中英語科學習困難學生補救教學成
　　效研究〉，《教育學刊》，16：163-191。

張景媛（2001），《學業低成就學生的學習輔導學習輔導》，臺北：心理。

張蓓莉（1987），《聽覺障礙學生的語言評量──特殊兒童診斷與輔導》，
　　臺北：心理。

張鴻苓（1998），《中國當代聽說理論與聽說教學》，成都：四川教育。

張賴妙理（1998），〈科學教師自我評鑑的概念與方法〉，《科學教育月刊》，
　　213：2-13。

教育部（2003），《九年一貫課程綱要語文學習領域》，臺北：教育部。

教育部國語推行委員會（1995），《重編國語辭典修訂本》，臺北：教育部。

許芳菊・羅儀修（2007），《教出寫作力》，臺北：天下。

許嘉芳（2000），〈基本字帶字加部首表義教材對國中輕度智能障礙學生識
　　字成效之研究〉，高雄師範大學特殊教育學研究所碩士論文，未出版。

梁志援（2006），《多角度思維》，臺北：稻江。

陳英三（1995），《特殊兒童教材教法》，臺北：五南。

陳海泓（2001），〈如何利用圖畫故事書發展兒童的創造力〉，《語文教育通
　　訊》，23：64-78。

陳淑麗、曾世杰（1999），〈閱讀障礙兒童聲韻能力之探討〉，《特殊教育
　　學刊》，17：205-223。

陳淑麗、洪儷瑜、曾世杰（2005），〈以國語補救教學診斷原住民低成就學
　　童是否為學習障礙：轉介前介入的效度考驗研究〉，《臺灣師範大學特
　　殊教育研究學刊》，29：127-150。

陳碧雲（2004），〈外籍配偶子女學校生活適應之探討──以學前教師的觀
　　點為例〉，《外籍配偶子女教育輔導學術研討會會議手冊》，嘉義：嘉
　　義大學師範學院。

陳鳳如（1993），〈活動式寫作教學法對國小學童寫作表現與寫作歷程之實
　　驗效果研究〉，《教育研究資訊》，1（5）：51-67。

陳龍安（2001），《小學生腦力訓練營》，臺北：寶島社。

連淑玲（2003），〈電腦看圖故事寫作對國小二年級學童寫作成效及寫作態度影響之研究〉，臺北市立師範學院國民教育研究所碩士論文，未出版。

莊淇銘（1999），《神奇的語言學習法》，臺北：月旦。

崔夢萍（2001），〈國小教師電腦融入教學態度及其相關因素之研究〉，《臺北市立師範學院學報》，32：169-194。

黃尤君（1996），〈臺灣地區國小作文教學觀念演變之研究〉，臺東師範學院國民教育研究所碩士論文，未出版。

黃木蘭（2000），〈換個方式做做看──談補救教學的改進之道〉，《師友》，7：10-14。

黃永結（1989），〈善用生動活潑的小組討論法於國小班級教學〉，《國教天地》，79：35-39。

黃正傑（1999），〈國教九年一貫課程的展望〉，《師友》，379：4-9。

黃沛榮（1999），〈由部件分析談漢字教學的策略〉，《華文世界》，94：16-22。

黃秀文（1999），〈不同寫作程度學生在過程寫做教學中的發展情形之探討〉。《國民教育研究學報》，5：1-27。

黃幸美（1996），〈教師如何評量兒童問答討論的意義性〉，載於《國小新課程數學科評量方法研討會論文集》，臺中：臺中師範學院。

黃秀霜（1998），〈中文年級認字量表之編製報告及不同國語成就兒童認錯組型分析（一）〉，國科會專題研究計畫。

黃陶陶（2006），《銅鑼國小一年丁班常用部首識字教學》，新竹教育大學國民教育研究所碩士論文，未出版。

黃瑞琴（2003），《質的教學研究方法》，臺北：心理。

黃馨慧（2005），〈外籍新移民家庭及其子女教育〉，《教師天地》，135：19-25。

游惠美（1997），《電腦輔助教學應用方式對國小低成就兒童注音符號教學成效之探討》，新竹師範學院國民教育研究所碩士論文，未出版

曾世杰（1996），〈閱讀障礙：研究方法簡介〉，載於曾進興主編，《語言病理學》，2：321-369，臺北：心理。

曾志朗（1991），〈華語文的心理研究：本土化的沉思〉，載於楊中芳、高尚仁編，《中國人、中國心──發展與教學篇》，539-582，臺北：遠流。

曾志朗（2000），〈閱讀是多元智慧成功的基本條件〉，《教師天地》，106：4-5。

曾照成（2002），《國小學童閱讀討論教學及其主題詮釋探討》，臺南師範學院國民教育研究所碩士論文，未出版。

曾慧敏（1998），〈從一個國中教室的觀察人種誌研究的經驗〉，《質的研究教育》，10：275-294。

傅素君（2001），〈從國語文學習領域談改進說話教學〉，《翰林文教雜誌》，19：10-14。

詹文宏（2000），〈概念構圖、自問自答及畫重點策略對國小閱讀障礙兒童閱讀理解能立即後設認知能力教學成效之研究〉，《特殊教育學報》，14：185-231。

董丹萍（2006），《國教之友》，56（4）：65-70。

楊式美（1999），〈讀者工作坊的理念與運用〉，《中師圖書館館訊》，25：4-7。

楊坤堂（1997），〈低成就學生的學習輔導策略〉，《教育實習輔導》，17：85-106。

楊惠元（1996），《漢語聽力說話教學法》，北京：北京語言文化大學楊詠梅（2003），〈外籍新娘的優生保健與健康〉，《回饋會訊》，69。

楊憲明（1998），〈閱讀障礙學生文字辨識自動化處理之分析研究〉，《特殊教育與復建學報》，6：15-37。

萬雲英（1990），〈兒童學習漢字的心理特點與教學〉，載於楊忠芳、高尚仁編，《中國人、中國心——發展與教學篇》，403-448。臺北：遠流。

葛琦霞（2002），《教室 VS.劇場好戲上場囉！——圖畫書的戲劇教學活動示範》，臺北：信誼。

裘錫圭（1995），《文字學概要》，臺北：萬卷樓。

甄曉蘭（1995），〈合作行動研究——進行教育研究的另一種方式〉，《嘉義師院學報》，9：297-318。

葉學志（1985），《教育哲學》，臺北：三民。

楚映天編著（2007），《壞事沒你想的那麼壞》，臺北：普天。

趙中建（1992），《教學模式》，臺北：五南。

劉明松（1998），〈過程導向寫作教學——寫作認知策略教學之探討〉，《高市文教》，62，64-68。

劉秀燕（2002），《跨文化衝擊下外籍新娘家庭環境及其子女行為表現之研究》，中正大學犯罪防治研究所碩士論文，未出版。

蔡奇璋（2004），《外籍配偶參與子女的學習障礙及解決途徑之研究》，中正大學成人繼續教育研究所碩士論文。

蔡典謨（2003），《協助孩子反敗為勝～他不笨，為什麼表現不夠好？》，臺北：心理。

蔡曼玲（2003），〈聽說教學統整課程設計與規劃理念〉，《中等教育》，
54，6：72-75。

蔡淑媖（2007），〈閱讀人生的良性循環〉，載於柯華葳，《教出閱讀力》，
臺北：天下。

蔡榮貴（2004），〈老師如何協助班上有學校適應困難之新臺灣之子〉，《研
習資訊》，23（5）：21-28。

蔡榮貴、黃月純（2004），〈臺灣外籍配偶教育問題與因應策略〉，《臺灣
教育》，626：P32－37。

鄧美君（2004），〈培養說話高手──說話教學策略之探討〉，《師友月刊》，
8：68-69。

鄭昭明（1994），〈中文字彙知識與詞彙知識之腦側化〉，《中華心理學刊》，
34：1-7。

鄭麗玉（2000），《認知與教學》，臺北：五南。

賴建達（2002），《國民小學實施外籍新娘識字教育之研究──以一所山區
小學為例》，臺中大學教育國民教育研究所碩士論文，未出版。

戴汝潛（1999），《漢字教與學》，濟南：山東教育。

謝國平（1998），《語言學概論》，臺北：三民。

韓志評（2003），《四格圖說寫搭配同儕支持的認知寫作補救教學》，屏東
師範學院國民教育研究所碩士論文，未出版。

魏瑛娟（2005），《有聲故事教學對國小一年級學童口語表達能力之影響》，
嘉義大學國民教育研究所碩士論文。

羅秋昭（1997），〈如何加強說話教學〉，《北師語文教育通訊》，2：33-45。

羅秋昭（1999），《國小國語科教材教法》，臺北：五南。

鐘重發（2003），〈家庭教育介入外籍新娘子女學前發展模式與策略〉，《幼
兒教育年刊》，15：189-205。

顧瑜君（2006），〈談教育工作者如何正視新弱勢群體學生處境〉，《教育
研究月刊》，141：38。

二、西文部分

Bates, N. (1988). *Effects of computer use on the writing process.*
Unpublished

master's dissertation, University of Nevada, Las Vegas.

Borgh, K. & Dickson, W. P. (1992.) The effects on children's writing of
adding

speech synthesis to a word processor. *Journal of Research on Computing in Education, 24*(4), 533-544.

Davis, N., Desforges, C., Jessel, J., Somekh, B., Taylor, C. & Vaughan, G. (1998). *Can quality in learning be enhanced through the use of IT?* Routledge: London & New York.

Flower, L., & Hayes, J. R.(1981). A cognitive process of writing. *College Composition and communication, 32*(4), 365-387.

Gallick-Jackson, S. A. (1997). Improving narrative writing skill, composition skills, and related attitudes among second grade students by integrating word processing, graphic organizers, and art into a process approach to writing. (ERIC Document Reproduction Service No. ED 420064).

Harris, J. (1985.) Student writers and word processing: A preliminary evaluation.*College Composition and Communication, 36*, 323-330.

Johnson, D. W., & Johnson, R. T. (1975.) *Learning Together and Alone.* Englewood Cliff. NJ: Prentice-Hall.

Johnson, D. W., & Johnson, R. T. (1978.) *Learning Together and Alone: Cooperative，Competitive，&Individualistic Learning.* Englewood Cliff. NJ: Prentice-Hall.

Lockard, J., Abrams P. D., & Many, W. A. (1994.) Microcomputers fortwenty-first century educators. NY: Addison-Wesley

Macarthur, & Charles, A. (1995.) Evaluationof a writing instruction model that integrated a process approach, strategy instruction, and word processing. *Learning Disability Quarterly, 18*(4), 278-291.

Ritter, J.M. (1987.) The use of a computer-facilitated conferencing technique to encourage revision in children's writing. Ann Arbor, Mi: University Microfilms international.

Sharan, Y., & Sharan, S. (1990.) Group investigation expands cooperative learning. *Educational Leadership, 47*(4), 17-21.

Slavin, R. E. (1978). Students teams and achievement division. *Journal of Research and Development in Education, 12*, 39-49

三、網路資料

王世全（2004），〈同儕輔助學習於國小電腦科教學策略應用之行動研究〉，http://wcs.dgps.kh.edu.tw-sponsored link，點閱日期：2008.12.17。

內政部統計處（2008），〈97 年國人結婚之外籍與大陸港澳配偶人數統計〉，http://www.moi.gov.tw/stat/news_content.aspx?sn=1990，點閱日期：2008.12.16。

李俊仁（2002），〈識字教學理論〉，http://daisy.ym.edu.tw/~jrlee/index.htm，點閱日期：2008.08.02。

教育部統計處（2007），〈96 學年度就讀國小之外籍配偶子女人數──按父母國籍分〉，http://www.edu.tw/files/site_content/b0013/fomas.xls，點閱日期：2008.12.25。陳慧屏（2005），〈太魯閣水秀石美〉，《新臺灣週刊》，http://www.newtaiwan.com.tw/bulletinview.jsp?bulletinid=23663，點閱日期：2008.8.15。

楊淳茵譯（1995），史拉德著，〈我是個老師〉，《心靈雞湯》，http://www.wretch.cc/blog/jernan/2994846，點閱日期：2008.08.02。

劉金寶（2006），〈名言佳句：教育類〉，http://www.ltjhs.tyc.edu.tw/%B1%D0%B0%C8%B3B/%A4p%AFZ%B1%D0%BE%C7/valley/education.htm，點閱日期：2008.08.18。

謝錫金（2000），〈聯想識字和詞彙網絡〉，http://www.chineseedu.hku.hk/ChineseTeachingMethod/learnword/imagine/，點閱日期：2008.08.18。

附錄

一、資料編碼表

(一)閱讀

代碼	資料類型	對象	時間	記錄方式	編碼
A	觀察	全班	2008.09.08	摘記	觀 A 摘 2008.09.08
	觀察	全班	2008.09.10	摘記	觀 A 摘 2008.09.10
	觀察	全班	2008.09.15	摘記	觀 A 摘 2008.09.15
	觀察	全班	2008.09.22	摘記	觀 A 摘 2008.09.22
	觀察	全班	2008.10.14	摘記	觀 A 摘 2008.10.14
	觀察	全班	2008.10.21	摘記	觀 A 摘 2008.10.21
	觀察	全班	2008.11.26	摘記	觀 A 摘 2008.11.26
	觀察	全班	2008.12.10	摘記	觀 A 摘 2008.12.10
	反思	焦點學生	2008.09.08	摘記	思 A 摘 2008.09.08
	反思	焦點學生	2008.09.09	摘記	思 A 摘 2008.09.09
	反思	焦點學生	2008.09.10	摘記	思 A 摘 2008.09.10
	反思	焦點學生	2008.09.22	摘記	思 A 摘 2008.09.22
	反思	焦點學生	2008.10.14	摘記	思 A 摘 2008.10.14
	反思	焦點學生	2008.12.10	摘記	思 A 摘 2008.12.10
	反思	焦點學生	2008.12.24	摘記	思 A 摘 2008.12.24
	訪談	焦點學生	2008.11.11	錄音摘記	訪 A 摘 2008.11.11
	訪談	焦點學生	2008.12.24	錄音摘記	訪 A 摘 2008.12.24

(二)生字詞彙

代碼	資料類型	對象	時間	記錄方式	編碼
B	觀察	全班	2008.10.01	摘記	觀 B 摘 2008.09.08
	觀察	全班	2008.10..09	摘記	觀 B 摘 2008.09.10
	觀察	全班	2008.10..21	摘記	觀 B 摘 2008.09.15

	觀察	全班	2008.11.13	摘記	觀 B 摘 2008.09.22
	觀察	全班	2008.11.19	摘記	觀 B 摘 2008.10.14
	反思	焦點學生	2008.10.01	摘記	思 B 摘 2008.10.01
	反思	焦點學生	2008.10.09	摘記	思 B 摘 2008.10.09
	反思	焦點學生	2008.10.21	摘記	思 B 摘 2008.10.21
	反思	焦點學生	2008.11.12	摘記	思 B 摘 2008.11.12
	反思	焦點學生	2008.11.13	摘記	思 B 摘 2008.11.13
	反思	焦點學生	2008.11.19	摘記	思 B 摘 2008.11.19
	訪談	焦點學生	2008.12.10	摘記	訪 B 摘 2008.12.10

（三）聆聽說話

代碼	資料類型	對象	時間	記錄方式	編碼
	觀察	全班	2008.10.14	摘記	觀 C 摘 2008.10.14
	觀察	全班	2008.10.15	摘記	觀 C 摘 2008.10.15
	觀察	全班	2008.10.21	摘記	觀 C 摘 2008.10.21
	觀察	全班	2008.10.22	摘記	觀 C 摘 2008.10.22
	觀察	焦點學生	2008.10.26	摘記	觀 C 摘 2008.10.26
	觀察	全班	2008.11.04	摘記	觀 C 摘 2008.11.04
	觀察	全班	2008.11.05	摘記	觀 C 摘 2008.11.05
	觀察	全班	2008.11.11	摘記	觀 C 摘 2008.11.11
C	觀察	全班	2008.11.12	摘記	觀 C 摘 2008.11.12
	觀察	全班	2008.11.19	摘記	觀 C 摘 2008.11.19
	反思	焦點學生	2008.10.22	摘記	思 C 摘 2008.10.22
	反思	焦點學生	2008.10.26	摘記	思 C 摘 2008.10.26
	反思	焦點學生	2008.11.17	摘記	思 C 摘 2008.11.17
	訪談	焦點學生	2008.10.22	錄音摘記	訪 C 摘 2008.10.22
	訪談	焦點學生	2008.10.26	錄音摘記	訪 C 摘 2008.10.26
	訪談	焦點學生	2008.11.17	錄音摘記	訪 C 摘 2008.11.17
	問卷	焦點學生	2008.11.30	摘記	問 C 摘 2008.11.30

（四）寫作

代碼	資料類型	對象	時間	記錄方式	編碼
D	觀察	焦點學生	2008.09.24	摘記	觀 D 摘 2008.09.24
	反思	焦點學生	2008.09.16	摘記	思 D 摘 2008.09.16
	反思	焦點學生	2008.09.24	摘記	思 D 摘 2008.09.24
	反思	焦點學生	2008.10.16	摘記	思 D 摘 2008.10.16
	反思	焦點學生	2008.10.24	摘記	思 D 摘 2008.10.24
	反思	焦點學生	2008.11.03	摘記	思 D 摘 2008.11.03
	反思	焦點學生	2008.11.27	摘記	思 D 摘 2008.11.27
	訪談	焦點學生	2008.11.26	摘記	訪 D 摘 2008.11.26
	問卷	焦點學生	2008.12.26	摘記	問 D 摘 2008.12.26

（五）其他

代碼	資料類型	對象	時間	記錄方式	編碼
E	訪談	宏祖母	2008.10.08	錄音摘記	訪 E 摘 2008.10.08
	訪談	綺媽媽	2008.10.15	錄音摘記	訪 E 摘 2008.10.15
	訪談	媽媽	2008.10.16	錄音摘記	訪 E 摘 2008.10.16
	訪談	宏宏	2008.09.11	摘記	訪 E 摘 2008.09.11
	訪談	科任 T1	2008.10.15	摘記	訪 E 摘 2008.10.15
	訪談	科任 T2	2008.10.15	摘記	訪 E 摘 2008.10.15
	訪談	科任 T3	2008.09.24	摘記	訪 E 摘 2008.09.24
	訪談	宏宏家	2008.12.24	錄音摘記	訪 E 摘 2008.12.24
	訪談	銳銳家	2008.12.31	錄音摘記	訪 E 摘 2008.12.31
	訪談	綺綺家	2009.01.09	錄音摘記	訪 E 摘 2009.01.09

二、文章結構圖

填空式概念構圖學習　座號：_____　姓名：_____

這是一則很棒的故事,讓我們以這則故事為聆聽文本,先以「概念構圖」思考文章的結構,再用心聽。

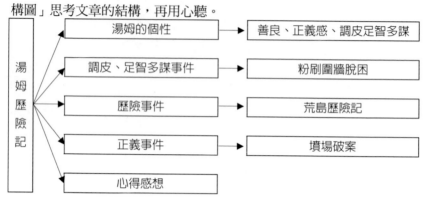

請用心聆聽,並認真作筆記。開始囉!

(一)筆記欄

湯姆的個性	
粉刷圍牆脫困	
荒島歷險事件	
墳場破案事件	
心得感想	1.湯姆值得我們學習的地方: 2.作者認為使我們生活更充實、多采多姿的想法是:

(二)我的收穫,得到的啟示

（三）老師講評：自我勉勵：

三、中國文字注音測驗

中國文字注音測驗

◎ㄅ請在每個國字下方填上它的注音，不會的字可以猜猜看。

不	去	媽	本	個	美	又	身	九	先
誰	來	話	門	海	貝	臺	綠	肉	背
位	然	題	永	伯	澆	吵	讀	雄	採
陪	結	業	超	昏	蝶	爆	泥	警	復
折	魂	責	拼	斯	枯	設	編	搜	寬
染	逼	岡	躺	猛	鏢	譜	隆	袖	摩
喧	刊	簿	濱	患	譚	垃	霄	剃	皿

鈣 踴 揉 仰 饒 鏽 埔 衡 逸 穎

媚 疹 嬋 瀰 瞑 竺 秩 癱 腮 皎

朧 憤 晰 嗅 併 帖 悍 譏 募 圜

梓 稞 佃 絨 甄 靴 巒 貂 淳 坵

擲 痣 憔 琨 鼬 揩 蕪 嗓 漣 琢

窯 雇 畔 鬢 絞 浙 凸 鞏 眨 驪

椿 潼 嶸 飪 梆 邸 訶 榭 遑 毬

侗 玖 嚮 寰 疝 瘀 蓓 迂 獪 萌

淮 曇 鈦 噤 蹶 潯 蚩 優 蔭 殯

胛 憨 謗 冀 苯 衽 襬 崛 肇 酤

訖 鉏 撑 濟 縉 奘 濯 鄴 侑 漬

唳 礴 皰 搗 泠 蜑 榾 嗑 矇 鴒

迭 彀 綣 魎 沂 獷 紘 殲 懟 旌

資料來源：黃秀霜（1998）

國家圖書館出版品預行編目

新移民女性子女國語文補救教學 / 葉玉滿著. --
一版. -- 臺北市：秀威資訊科技, 2009.07
　　面；　　公分. -- （社會科學類 ; AF0116）
BOD 版
參考書目：面
ISBN 978-986-221-266-0 (平裝)

1.漢語教學 2.兒童閱讀 3.補救教學 4.中小學教育

523.311　　　　　　　　　　　98012231

社會科學類　　AF0116

東大學術⑪

新移民女性子女國語文補救教學

作　　者 / 葉玉滿
發 行 人 / 宋政坤
執行編輯 / 林世玲
圖文排版 / 黃莉珊
封面設計 / 蕭玉蘋
數位轉譯 / 徐真玉　沈裕閔
圖書銷售 / 林怡君
法律顧問 / 毛國樑　律師
出版印製 / 秀威資訊科技股份有限公司
　　　　　台北市內湖區瑞光路 583 巷 25 號 1 樓
　　　　　電話：02-2657-9211　　　傳真：02-2657-9106
　　　　　E-mail：service@showwe.com.tw
經 銷 商 / 紅螞蟻圖書有限公司
　　　　　台北市內湖區舊宗路二段 121 巷 28、32 號 4 樓
　　　　　電話：02-2795-3656　　　傳真：02-2795-4100
　　　　　http://www.e-redant.com

2009 年 7 月 BOD 一版
定價：330 元

讀　者　回　函　卡

感謝您購買本書，為提升服務品質，煩請填寫以下問卷，收到您的寶貴意見後，我們會仔細收藏記錄並回贈紀念品，謝謝！

1.您購買的書名：＿＿＿＿＿＿＿＿＿＿＿＿＿＿＿＿＿＿

2.您從何得知本書的消息？

　　□網路書店　　□部落格　　□資料庫搜尋　　□書訊　　□電子報　　□書店

　　□平面媒體　　□ 朋友推薦　　□網站推薦　□其他＿＿＿＿＿＿

3.您對本書的評價：(請填代號　1.非常滿意 2.滿意 3.尚可 4.再改進)

　　封面設計＿＿＿　版面編排＿＿＿　內容＿＿＿　文/譯筆＿＿＿　價格＿＿＿

4.讀完書後您覺得：

　　□很有收獲　　□有收獲　　□收獲不多　　□沒收獲

5.您會推薦本書給朋友嗎？

　　□會　　□不會，為什麼？＿＿＿＿＿＿＿＿＿＿＿＿＿＿＿＿＿＿

6.其他寶貴的意見：＿＿＿＿＿＿＿＿＿＿＿＿＿＿＿＿＿＿＿

　　＿＿＿＿＿＿＿＿＿＿＿＿＿＿＿＿＿＿＿＿＿＿＿＿＿＿＿＿

　　＿＿＿＿＿＿＿＿＿＿＿＿＿＿＿＿＿＿＿＿＿＿＿＿＿＿＿＿

　　＿＿＿＿＿＿＿＿＿＿＿＿＿＿＿＿＿＿＿＿＿＿＿＿＿＿＿＿

讀者基本資料

姓名：＿＿＿＿＿＿＿＿＿　年齡：＿＿＿＿　性別：□女 □男

聯絡電話：＿＿＿＿＿＿＿＿　E-mail：＿＿＿＿＿＿＿＿＿＿

地址：＿＿＿＿＿＿＿＿＿＿＿＿＿＿＿＿＿＿＿＿＿＿＿＿＿

學歷：□高中(含)以下　　□高中　　□專科學校　　□大學

　　　□研究所(含)以上 □其他＿＿＿＿＿＿＿＿

職業：□製造業 □金融業 □資訊業 □軍警 □傳播業 □自由業

　　　□服務業 □公務員 □教職　　□學生 □其他＿＿＿＿＿＿

To：114

台北市內湖區瑞光路 583 巷 25 號 1 樓

秀威資訊科技股份有限公司　　　收

寄件人姓名：

寄件人地址：□□□

(請沿線對摺寄回,謝謝!)

秀威與 BOD

BOD（Books On Demand）是數位出版的大趨勢，秀威資訊率先運用 POD 數位印刷設備來生產書籍，並提供作者全程數位出版服務，致使書籍產銷零庫存，知識傳承不絕版，目前已開闢以下書系：

一、BOD 學術著作—專業論述的閱讀延伸
二、BOD 個人著作—分享生命的心路歷程
三、BOD 旅遊著作—個人深度旅遊文學創作
四、BOD 大陸學者—大陸專業學者學術出版
五、POD 獨家經銷—數位產製的代發行書籍

BOD 秀威網路書店：www.showwe.com.tw
政府出版品網路書店：www.govbooks.com.tw

永不絕版的故事・自己寫・永不休止的音符・自己唱